Je dédie cette étude à une amie de trente ans... une Coccinelle rouge...aux Planches de Deauville, à son regard bienveillant, à sa foi inébranlable en moi, à sa réalité que j'ai faite mienne.

« Il faut que tout change pour que rien ne change. »
- Le Guépard de Giuseppe Lampedusa -
Luchino Visconti

« Si vous jugez un poisson sur ses capacités à grimper aux arbres,
il passera sa vie à croire qu'il est stupide. »
Albert Einstein

« Les collaborateurs heureux font les clients heureux, pas l'inverse. »
Daniel Abittan, Grp Acuitis

Table des Matières

Introduction

En 1975, le théoricien Américain, Richard Bagozzi énonce pour la première fois le concept de marketing comme «processus renouvelé d'échanges entre un acheteur et un vendeur» , avançant implicitement la problématique de l'évolution de cette relation dans le temps.

Cela devient le Customer Relationship Management (CRM), ou Gestion de la Relation Client (GRC) qui est l'ensemble des outils et techniques destinés à capter, traiter, analyser les envies et les attentes des clients et des prospects, afin de les fidéliser et de les satisfaire en leur offrant ou en leur proposant des services. Le CRM vise tout d'abord à mettre le client au centre de l'entreprise et correspond à une incorporation de la technologie provenant des processus transversaux de la vente, le marketing et le service clients dans le but d'automatiser et d'améliorer la gestion de la relation avec le client.

Le CRM cherche à développer une relation en étant davantage à l'écoute des clients afin de répondre à la spécificité des besoins de chacun d'entre eux et ainsi de les fidéliser. De ce fait, le CRM vise à développer des outils technologiques qui permettent d'acquérir de l'information afin de permettre à l'entreprise d'adapter sa stratégie en vue d'optimiser son CA et de baisser ses coûts d'exploitation. Il est considéré comme «un processus permettant de traiter tout ce qui concerne l'identification des clients, la constitution d'une base de connaissance sur la clientèle, l'élaboration d'une relation client et l'amélioration de l'image de l'entreprise et de ses produits auprès du client».

Au milieu des années 1990 est mis en avant l'un des concepts centraux de la relation avec le client et l'un de ses principaux intérêts: la rentabilité accrue qui résulte d'une relation mutuellement profitable lorsque celle-ci perdure. Ce qui correspond, pour les deux parties en relation, à multiplier de la valeur par de la durée.

Au début des années 2000 la démultiplication des réseaux de communication via internet, rend le client acteur et le place en position dominante, en capacité de s'informer en temps réel, de comparer et d'identifier son champ du possible.

De plus, le marché concurrentiel oblige les entreprises à s'adapter, être force de proposition pour gagner des parts de marché, et rester compétitives.

Nous sommes face aujourd'hui à un nouvel enjeu, le Monde de l'Entreprise doit répondre aux attentes de ses salariés qui veulent trouver un sens à leurs actions et au vivre ensemble.
Nous devons leur apporter un juste équilibre entre vie privé et vie professionnelle, être en accord avec leurs préoccupations, management bienveillant, égalité des chances, respect de l'individu, reconnaissance des minorités, etc...
Les salariés veulent être considérés comme des partenaires à part entière et non plus comme des outils décérébrés d'une entreprise toute puissante et décisionnaire de leur vie.
Ils attendent du Monde de l'Entreprise une plus grande responsabilité en adhérant à leurs valeurs, en répondant aux enjeux sociétaux, en termes de climat, de justice sociale et d'équité.
Le Customer Meaningful Quality Management (CMQM) ou Sens de la Gestion de la Relation Client (SGRC) est un changement de paradigme qui repositionne le salarié au centre du projet managérial et lui permet de trouver du sens et de répondre à ses attentes.

C'est par l'épanouissement des salariés, qui sont le cœur de nos structures commerciales que nous répondrons au plus juste aux attentes de notre clientèle et que nous atteindrons l'excellence de la gestion de la relation client.
En associant le Fair-Management au Customer Relationship Management, nous recréons « le chainon manquant » ; en englobant dans son ensemble tous les paramètres de l'entreprise, attendu que nous ne pouvons plus nous contenter d'édicter des normes, de mettre en place des protocoles déconnectés de la base et en inadéquation avec la réalité d'aujourd'hui.

Ce qui gouverne les commerciaux et les stimulent, est la soif de la réussite, la volonté de gagner et l'ambition chevillée au corps. L'ADN du personnel du Monde de l'Hospitalité est la passion qui les anime et la poursuite de l'excellence qui est leur raison d'être.

Lorsque ces éléments ne sont pas au rendez-vous, nous devons les créer en donnant un sens à la vie de nos employés, en leur apportant les conditions d'un épanouissement individuel.

Pour leur permettre de trouver leur place dans notre société, par la reconnaissance, la quiétude, en les assurant de la place stratégique qui est la leur au sein de l'entreprise.

En leur rappelant qu'ils font partie d'un projet commun et ne sont pas des invisibles mais des indispensables ; des nécessaires sans qui rien n'est possible.

Ce n'est qu'en remportant l'adhésion des salariés par la place que nous leur accorderons et grâce au lien que nous créons avec eux pour faire sens, qu'ils aimeront nos clients et les traiteront comme nous l'attendons.
En Homme debout, apaisé et fier, ils développeront l'Esprit Corporate et participeront à la réussite entrepreneuriale.

« Employees who believe that management is concerned about them as a whole person, not just an employee, are more productive, more satisfied, more fulfilled. Satisfied employees mean satisfied customers, which leads to profitability. »
Anne M. Mulcahy, former CEO of Xerox

- Partie 1 -

TRAJECTOIRE & BILAN

Parcours

Ce qui a mûri ma réflexion et qui m'a amené à concevoir une approche différente du Customer Relationship Management vient de mon parcours professionnel, de plus de trente ans en Management Général, dans les domaines de la vente et de l'hospitalité.

J'ai appris le management en exerçant dans le TimeShare ou Multipropriété en France et à l'international, dans l'Hexagone à Deauville, en Belgique à Mons, en Espagne sur la Costa del Sol, aux Îles Baléares à Ibiza, dans les Caraïbes, etc…

Ma fonction et mon objectif étaient de mettre en place une structure commerciale pour vendre des semaines d'hébergement au travers de baux emphytéotiques. J'engageais et manageais une centaine de personnes, en commençant par une quarantaine de commerciaux que je dirigeais avec autant de téléconseillers ou d'enquêteurs de rue pour fixer les rendez-vous prospects (300 prospects semaine) ainsi qu'un service administratif & juridique pour finaliser les contrats de vente.

Ces structures commerciales avaient pour but de proposer des semaines de vacances en multipropriété échangeable dans le monde entier au travers de Bourse d'Echange, « Resort Condominium International & Interval International. » comprenant 6 300 destinations dans 110 pays au travers de Résidences Hôtelières telles que Hilton, Sheraton, Pullman, Four Seasons, Pierre & Vacances, Holiday Inn, etc…

La Gestion de la Relation Client était au centre de notre action, nous ne proposions pas un produit déjà formaté aux normes intangibles mais adaptions notre produit aux attentes de nos clients, pour répondre en tout point à leurs souhaits et leur offrir des vacances sur-mesure.

C'est dans ce cadre que j'ai été recruté pendant près de dix ans, pour ma capacité à mettre en place ce type de structures, les faire prospérer et les dupliquer. En tant que Marketeur, je recrutais, manageais des équipes dans le but d'une recherche permanente et constante de progression sans fin de chiffres d'affaires.

« Sky is the limit »

J'ai compris très tôt qu'il me fallait créer du lien, faire sens avec les hommes et les femmes que je dirigeais et que cela représentait le socle de la réussite. Faire corps avec eux en leur permettant de s'épanouir, d'être fier de faire partie d'une histoire commune en n'omettant jamais de leur rappeler qu'ils nous étaient essentiels et en les remerciant d'être à nos côtés chaque jour.
Cette expérience qui m'a révélé, a fait de moi un manager en capacité de vendre tout produit ou concept et m'a amené à savoir définir la stratégie nécessaire pour développer une structure commerciale, conscient de mes forces et de mes faiblesses. J'ai appris à conduire des Hommes, dans le but de les guider pour leur permettre de révéler le meilleur d'eux-mêmes dans la recherche d'un bénéfice commun.

« Leadership is the cornerstone
of the management's success »

Le Monde de l'Hospitalité m'a permis de développer et d'affiner ma perception de ce qu'était un client, de ce qu'il représentait au sens étymologique, sociétal ; son rôle prégnant dans notre économie et clivant dans notre imaginaire collectif.

L'Hospitalité de luxe vous apprend à considérer le client comme votre unique centre d'intérêt, à en faire la raison de toutes vos attentions et préoccupations. La recherche de l'excellence en toute chose permet d'amener le personnel à se dépasser quotidiennement dans une volonté de performance et une exigence de recherche personnelle.

La passion qui anime les hommes et les femmes en Hospitalité, permet malgré un management vertical, très hiérarchisé et autoritaire, d'atteindre la quintessence de la satisfaction client et d'ériger le Customer Relationship Management en totem, inviolable, incontournable, immuable ; en un prérequis qui est devenu le socle de cette Corporation.

« Daily ripples of excellence -over time-
become a tsunami of success »
Robin Sharma

Mon expérience de Management Général en Chine plus précisément à Shanghai lors d'une ouverture pour les Chefs Jacques & Laurent Pourcel a ébranlé mes certitudes sur le rapport à l'autre, en tant qu'individu, en termes de culture et de rapport civilisationnel.
Le management Chinois est hautement autoritaire tourné vers le collectif, seules comptent l'harmonie et la recherche du consensus. Les employés s'interdisent tout type de contestation et l'individu s'efface au profit du collectif.

Cependant le staff a besoin de trouver un sens à sa vie, tant professionnelle que personnelle pour un épanouissement qu'il juge vital pour son équilibre.
Ils attendent du management le respect, de la reconnaissance et faire corps avec l'entreprise. En contrepartie, ils offrent loyauté, esprit corporate sans faille et recherche de l'Excellence pour la réussite de l'entreprise.
Dans une économie de marché en pleine mutation, les Hommes du plus grand pays d'Asie, leader économique mondial, ne désirent qu'une chose et cela sans concession aucune : « être heureux » .
Cette expérience a changé ma perspective du management, m'a appris l'humilité et m'a permis de réaliser la valeur intrinsèque de l'individu au sein de l'entreprise, socle de la réussite managériale.

Depuis lors, que ce soit à la tête des services de restaurant de l'Institut du Monde Arabe, au Pavillon LeDoyen avec le Chef Yannick Alléno ou pour la création de la restauration sur-mesure de l'Université du Groupe Thales, ma pratique du management m'a porté à la même réflexion et analyse.
Je devais tenir compte d'un autre élément pour performer le Customer Relationship Management et en optimiser l'impact : mettre en place les mécanismes pour entraîner volontairement nos collaborateurs sur cette voie pour qu'il se l'approprient et en deviennent acteur.

« Motivate them, train them, care about them, and make winners
out of them... they'll treat the customers right.
And if customers are treated right, they'll come back »
J. Willard Marriott

- Partie 2 -

DÉFINITION & GENÈSE

La Méthode CMQM

C'est un changement de paradigme ; repositionner l'individu au centre du projet managérial et le client au cœur du système de la structure commerciale afin d'atteindre la quintessence de la satisfaction client dans le but d'optimiser le revenu.

Le **Customer Meaningful Quality Management** (CMQM) ou Sens de la Gestion de la Relation Client (SGRC) est un nouveau courant philosophique de pensée managériale pour répondre à la satisfaction client en associant à part égale l'épanouissement du personnel, outil de production et visage de l'entreprise, dans le but d'optimiser le revenu au travers d'un management plus à l'écoute de la base, centré sur le respect, la reconnaissance et la valorisation du travail effectué.

► Customer

Le client est la raison d'être de notre action au sein de nos entreprises et la recherche de sa satisfaction en est le but.

« Un client est le visiteur le plus important de nos locaux.
Il ne dépend pas de nous. Nous sommes dépendants de lui.
Il n'est pas une gêne dans notre travail. Il en est l'objectif.
Il n'est pas étranger à nos affaires. Il en fait partie.
Nous ne lui faisons pas une faveur en le servant.
C'est lui qui nous fait cette faveur en nous en donnant l'occasion. »
Mahatma Gandhi.

► Fair Management

Le management équitable qui allie un juste équilibre entre performance économique et/ou opérationnelle de l'entreprise et épanouissement personnel des employés au travail, est le fondement de la gestion de la relation client et le socle de la réussite commerciale en replaçant l'employé au centre du projet managérial.

« Commencez avec ce qui est juste, plutôt qu'avec ce qui est acceptable. »
Peter Drucker professeur, consultant en management d'entreprise, auteur et théoricien.

1- Les Employés (Workforce)

C'est l'outil principal de production d'une structure commerciale, indispensable, précieux, regorgeant de ressources et coûteux à former. Le premier contact client et de ce fait, le visage de l'entreprise.

« Les deux choses les plus importantes n'apparaissent pas au bilan de l'entreprise : sa réputation et ses hommes. »
Henry Ford

2- Les Équipes de Management (Management team)

C'est la ligne de commandement sur laquelle repose la politique générale d'une structure commerciale, outil de pilotage, de contrôle, d'organisation, qui représente l'esprit et l'âme du Management Général.

« Le leadership est l'art d'obtenir de quelqu'un qu'il accomplisse quelque chose pour votre compte parce qu'il veut le faire »
Dwight D.Eisenhower.

► Le Customer Relationship Management

C'est le cœur de la relation qui unit un client et un fournisseur, une entreprise et un client, cela induit de prendre le temps d'écouter, de connaître son client, de développer des aptitudes et des compétences relationnelles spécifiques.

« La meilleure des publicités est un client satisfait. »
Bill Gates

► Le Total Quality Management

C'est la mobilisation de l'ensemble des acteurs d'une structure commerciale dans une démarche de gestion globale unique de la qualité et du service client, en le plaçant au centre de nos actions, qui les amène à intégrer ce principe et à en devenir acteur.

« Votre mission a beau être affichée sur les murs, vos valeurs
prennent vie dans l'attitude de vos employés »
Elle Clarke, auteure & fondatrice du mouvement
"I Am Queen Magazine"

► Revenue Optimization

C'est en hiérarchisant les priorités d'actions pour optimiser les résultats en termes de satisfaction clients que nous pouvons développer un accroissement du chiffre d'affaires.
Le Principe de Pareto ou règle des 80-20, utilisé conjointement avec le Principe d'Eisenhower permet une optimisation de la gestion du temps et des priorités dans le but de rester concentrer sur l'essentiel pour une plus grande efficacité.

« Ce qui est important est rarement urgent
et ce qui est urgent rarement important »
Dwight D.Eisenhower

- Partie 3 -

LES PRINCIPES

3.1

Workforce & Impacts

Le salarié se définit comme une personne physique liée à un employeur par la conclusion d'un contrat de travail et par une relation de subordination permanente. Les devoirs qu'il a en contrepartie vis-à-vis de son employeur, et qui consistent essentiellement dans la fourniture d'un travail selon les instructions qui lui sont données, sont fixés par la réglementation, par le contrat de travail et par l'employeur lui-même.

► Dénomination & Visibilité

Comment les salariés sont-ils perçus, identifiés et répertoriés dans notre société et au sein de la structure commerciale.

- Employé, serviteur, domestique, commis, assistant, subordonné,
- Ouvrier, manoeuvre, journalier, tâcheron, subalterne,
- Ordinaire, appointé, apprenti, travailleur, gratteur,
- Prolétaire, plébéien, populaire, paysan, exploité, prolo, serf.

► Analyse & Outils de référence

La pyramide des besoins, ou **Pyramide de Maslow**, qui est une représentation de la hiérarchie de 5 types de motivations et besoins humains, une théorie de la motivation élaborée à partir des observations réalisées dans les années 1940 par le psychologue Abraham Maslow.

- Les besoins physiologiques (alimentation, vêtement, habitat,..)
- Les besoins de sécurité
- Les besoins d'appartenance (à un groupe social)
- Le besoin d'estime
- Le besoin d'auto-expression ou d'auto-réalisation

Selon Maslow, ces besoins sont hiérarchisés, cela signifie qu'un besoin de niveau inférieur doit normalement être comblé avant que celui du niveau supérieur prenne de l'importance. L'analyse de Maslow a notamment été enseignée et utilisée dans le domaine du marketing pour la prise en compte des besoins des consommateurs.

▶ Management Référent

Depuis le XIXe siècle nous appliquons le Management Pyramidal, qui est un système d'organisation hiérarchique. Ce système fonctionne sur un mode décisionnel « top-down » , sur la base d'échelons hiérarchiques strictement déterminés. Les niveaux de « pouvoir » sont répartis entre le dirigeant, les managers et les opérateurs. L'importance des décisions et des actions va du haut vers le bas.

Avantages

Il n'y a toujours qu'un seul chef, soit une unicité de commandement, ce qui en fait une structure claire, qui de plus s'adapte facilement aux changements de volumes.

Inconvénients

Cela peut créer des conflits de direction par fonctions par rapport au staff, cela favorise la déresponsabilisation des employés, bride leur autonomie, ne favorise pas l'innovation et ne permet pas de fait, l'épanouissement.

▶ Résultante

Selon les études du Groupe Malakoff Médéric Humanis (groupe paritaire de protection sociale) sur la qualité de vie au travail, chaque année, l'engagement des collaborateurs vis-à-vis de leur employeur tend à diminuer de manière considérable.

Tandis que les salariés interrogés étaient encore 42 % à se déclarer « très engagés dans leur travail et dans leur entreprise » en 2009, ils n'étaient plus que 36 % à le dire en 2012 et 28 % en 2020.

Ces nouveaux chiffres corroborent ceux déjà relevés par l'Institut Gallup (sondages et études) de 2013 ; 61 % des salariés interrogés avaient admis « ne pas se sentir engagés » vis-à-vis de leur employeur et 28 % déclaraient déjà être « vraiment désengagés ».

« Le stress en entreprise ne cesse d'augmenter et la motivation de chuter. » Docteur Philippe Rodet, Management bienveillant, 2017.

► Enjeux Sociétaux

Les nouveaux enjeux qui se posent au sein des entreprises, résumés par Marc Grassin, Institut Vaugirard-Humanités & Management :

> *« L'attente de bienveillance surgit aujourd'hui comme une sorte d'invitation à faire de la relation dans le monde du travail autre chose que ce qu'elle est. Il y a là un signe des temps qui dit bien plus que la simple aspiration à un bien-être au travail, à la gestion des risques psychosociaux, à la bientraitance et autres modalités organisationnelles. Car la bienveillance n'est ni un concept managérial, ni un concept organisationnel, mais un engagement de soi vis-à-vis de l'autre, une sorte d'élémentaire humain. Les hommes et les femmes au travail en appellent à une manière d'être en relation particulière les uns vis-à-vis des autres, car ils pressentent que le monde du travail n'est humain que sous certaines modalités relationnelles. Peut-être vivons-nous un tournant dont il faut prendre la juste mesure. La dureté des relations au travail, la pression organisationnelle et managériale, la fragilisation des sociétés modernes rendent visible le besoin de relations humaines bienveillantes. Le clivage entre ce que nous sommes et aspirons à être et les tâches à faire ne convient plus au monde d'aujourd'hui ».*

► Attentes des salariés

Les employés aspirent désormais à donner un nouveau sens à leurs missions au sein de l'entreprise et souhaitent dans leur travail, que leurs actions soient davantage en cohérence avec leurs valeurs et qu'elles s'inscrivent dans un projet global, une œuvre collective. Ils ont une forte attente de bienveillance managériale mais également escomptent de nouvelles relations de travail entre collègues.
Ils ne prennent plus seulement en compte le salaire, mais également les autres avantages proposés et l'impact qu'aura l'entreprise sur leur quotidien au travail et sur leur évolution professionnelle. Ce n'est plus seulement l'entreprise qui choisit ses futurs employés, mais paradoxalement, ces derniers qui choisissent leur entreprise.

▶ Generational Theory

En collaboration avec William Strauss, Neil Howe a découvert que les grands changements en Amérique, et dans d'autres pays, étaient étroitement liés aux changements générationnels. Chaque génération correspond à des périodes de 20-23 ans. Dans de nombreux pays, les changements décisifs apparaissent toutes les quatre générations, ce qui équivaut à une période de 80-90 ans. Il semblerait qu'une transformation radicale s'opère dans les structures politiques et sociales une fois cette période terminée.
Neil Howe, économiste et démographe, est l'auteur d'une théorie controversée qui a suscité beaucoup d'intérêt, il prévoyait que les États-Unis vivraient une crise de grande ampleur en 2020. Il a fait cette prévision à partir d'une série de modèles historiques qu'il a identifiés lors de ses recherches et rapportés dans « Generations: The History of America's Future, 1584 to 2069 » et « The Fourth Turning ».

« La génération du millénaire, qui a le sentiment
qu'elle n'atteindra jamais le niveau de vie de ses parents,
peut, par le vote, conduire à un changement complet
de nos institutions économiques. »
Neil Howe

The Generational Theory est réparti en quatre cycles qui se succèdent dans une rotation de quatre fois vingt ans, tout comme les quatre saisons, le monde passe par des cycles d'éveil spirituels et de crises séculaires :

- **Les artistes** (les vétérans ou traditionalistes nés avant-guerre et très prochainement les « Z » appelés aussi « Emos » ou « Echo-boomers ») : Décris comme indécis et émotionnels, ils ont grandi en période de crise et ont été surprotégés par leurs parents.
- **Les prophètes** (les baby-boomers) : Ils vivent par leurs valeurs, moralistes et prêts à se battre pour leurs idées.
- **Les nomades** (les X) : Aventureux, pragmatiques et cyniques, ils n'ont pas été aussi protégés que leur aînés.
- **Les héros** (les Y) : Plutôt énergiques et curieux, ils ont été élevés dans des familles les mettant au centre de leurs préoccupations. Cette description fonctionnerait aussi avec la génération silencieuse de nos grands-parents.

Chaque génération évolue en fonction de la situation économique dans laquelle elle grandit, devient adulte, parent et ancien. Pendant une période d'embellie économique par exemple, les enfants sont « Nomades » et les quadras des « Artistes ». Lors d'une crise, les enfants sont « Artistes » et les jeunes adultes des « Heroes », etc... Les crises pointent toujours lorsque les artistes sont vieux, les prophètes mûrs, les nomades adultes et les héros…jeunes…

« Vous n'êtes pas les enfants de vos parents
mais les enfants de votre temps. »
Goethe

▶ Les Millenials

Quiconque veut atteindre les Millenials doit les comprendre, pour cela il est alors très utile que votre propre main d'œuvre soit également composée en partie de Millenials. Mais si vous voulez attirer ce groupe cible, et surtout : le garder, c'est un défi. Ce groupe cible n'est pas connu pour son éternelle loyauté envers un seul employeur. De plus, l'employeur doit s'adapter à sa vision du monde. Selon une étude de Deloitte, environ 56 % des 7 700 millénaires interrogés excluront de travailler dans une entreprise qui nie ses principes.
L'essentiel selon Richard Teerlink, Chairman & CEO de Harley-Davidson Motor Company tient en ça « Les millénaires ont des préférences spécifiques que les employeurs doivent prendre en compte s'ils veulent les attirer et les retenir. Par exemple, ils veulent voir des résultats rapides de leur travail. Ils veulent être stimulés et capables de se développer. Ils détestent les structures hiérarchiques. En fait, les gestionnaires doivent accepter qu'ils peuvent apprendre quelque chose des jeunes, et pas seulement leur offrir (au plus) du coaching. Un bon équilibre entre vie professionnelle et vie privée est également très important pour eux. Ils préfèrent organiser leur propre temps et décider par eux-mêmes quand et où travailler. Ceux qui ne peuvent pas offrir ces choses rendent les choses difficiles pour eux-mêmes. »

« People are the organization's only
sustainable competitive advantage. »
R. Teelink

► **Outils & Actions**

1 - Fair management

Replacer la personne humaine au cœur des préoccupations de l'entreprise en proposant un traitement équitable, respectueux des droits de chacun et porteur de bien-être social, un juste équilibre entre performance économique et/ou opérationnelle de l'entreprise et épanouissement du salarié au travail.
Mettre en place l'ensemble des conditions managériales pour créer l'épanouissement des salariés, permettant de développer un engagement personnel envers l'entreprise, source de performance durable et recherche managériale.

2 - Employer Branding

Seulement 56 % des entreprises ont mis en place une stratégie de Marque Employeur selon une étude de Robert Walters. Pourtant, selon l'agence marketing, La Super Agence, 83 % des candidatures commencent par une recherche en ligne sur l'entreprise, ses valeurs et sa réputation.
Les entreprises et les employés ont beaucoup évolué grâce au développement des nouvelles technologies, des mutations du monde du travail, mais aussi avec l'arrivée des Millenials et de la génération Y sur le marché du travail. Pour se mettre en avant et se différencier des autres, elles doivent aujourd'hui tenir compte de toutes ces évolutions et les inclure dans leurs stratégies. Il n'est désormais plus possible de se contenter de communiquer pour ses clients, il faut aussi échanger avec ses employés et futurs talents.
La mise en place d'une stratégie de Marque Employeur est alors indispensable. D'autant plus que les nouvelles générations de travailleurs font de plus en plus attention aux valeurs portées par les structures commerciales.

La Marque Employeur ou Employer Branding, est un terme utilisé pour désigner la marque interne développée par l'entreprise, basée sur sa culture, sur son histoire, sur sa marque publique et sur sa politique interne. En bref, il s'agit de la marque appliquée aux Ressources Humaines, c'est la façon dont toutes les parties prenantes de votre entreprise vont percevoir qui vous êtes « à l'intérieur » , qui vous êtes en tant qu'employeur.
Il s'agit d'une stratégie qui va se refléter à travers la réputation de l'entreprise, ses valeurs, son organisation et sa communication, surtout interne et « corporate ». Bien que tournée vers le recrutement, cette stratégie doit aussi prendre en compte

les salariés déjà en poste et l'ensemble des parties prenantes d'une entreprise. La stratégie d'Employer Branding contribue aussi à améliorer l'expérience collaborateur.

La Marque Employeur s'adresse à toutes les parties prenantes de l'entreprise aussi bien internes qu'externes : salariés, managers, candidats, partenaires, pouvoir publics, institutions, universités, recruteurs externes et même parfois aux concurrents.

Souvent confondue avec l'identité employeur ou encore l'EVP (employee value proposition), la marque employeur est pourtant un concept différent. L'EVP désigne la valeur offerte par une entreprise en échange du travail d'un collaborateur, tandis que l'identité employeur est une composante de la marque employeur, qui n'est que descriptive : activité, taille de l'entreprise, produits, zones géographiques, etc...

Les quatre piliers de la Marque Employeur

- **L'image employeur externe :** il s'agit de tout ce que les parties prenantes externes à l'entreprise vont percevoir d'elle en tant qu'employeur. Elle s'adresse donc aux candidats, aux écoles, aux universités, aux réseaux d'anciens élèves, aux influenceurs, aux journalistes, aux médias, aux cabinets de recrutements, etc...
- **L'image employeur interne :** Il s'agit de tout ce que les parties prenantes internes perçoivent de l'entreprise en tant qu'employeur. Elle s'adresse à tous les collaborateurs internes, les managers, les RH, la direction et les partenaires sociaux. L'image employeur interne repose sur les sensations, les sentiments et les jugements de ces personnes vis-à-vis de leur employeur.
- **L'identité employeur :** Elle repose sur des éléments factuels de l'ADN de l'entreprise qui décrivent et caractérisent l'organisation comme son activité, ses produits ou services, ses métiers, son histoire, sa taille, ses valeurs, son type d'organisation, son style de management, les zones géographiques sur lesquelles elle est présente, etc...
- **Les pratiques employeur :** On parle ici de l'ensemble des processus RH de l'organisation (recrutement, intégration, formation, évaluation, rémunération, respect des diversités, etc...) et des solutions managériales qui font vivre au quotidien la marque employeur.

3 - Employee Advocacy :

Le terme d'employé, collaborateur ou salarié ambassadeur est une traduction non littérale de la notion «d'employée advocacy», la notion «d'employé ambassadeur» ou «d'employés advocacy» est novatrice, c'est dans le fait qu'il s'agit d'une démarche organisée et encadrée par les services marketing et communication.

Des salariés faisant la promotion de leur entreprise sur les réseaux sociaux à l'instar des ambassadeurs agitant la toile pour valoriser l'expertise de la marque pour laquelle ils travaillent. Le concept même de l'Employee Advocacy est un programme par lequel une entreprise ou une marque encourage ses salariés (consultants, commerciaux, marketeurs, RH, etc...) à partager ses contenus à forte valeur ajoutée sur leurs propres réseaux sociaux.
Dans un contexte B2B où la concurrence est rude, où le consommateur digital est de plus en plus difficile à séduire, les réseaux sociaux sont devenus incontournables dans la communication des entreprises.
L'objectif est multiple: soigner son e-réputation, accroître sa visibilité, générer des leads qualifiés, attirer des candidats au fort potentiel. Les salariés sont les personnes adéquates, ils connaissent nos produits et/ou services, mais aussi nos valeurs, nos engagements et notre culture d'entreprise.
En partageant nos contenus experts sur leurs réseaux sociaux, ils véhiculent notre image de marque, fiers de leur appartenance à notre entreprise. Leurs publications captent l'attention de visiteurs jusqu'alors intouchables. Ce message est perçu plus favorablement par nos clients que celui publié par un compte d'entreprise. Le salarié «prêtant» un visage humain à la marque inspire plus confiance indéniablement.

Selon une étude de Edelman Trust Barometer de 2016, les utilisateurs actifs sur les réseaux sociaux considèrent qu'un contenu partagé par une personne qu'ils connaissent est bien plus fiable que celui diffusé par une entreprise.
Reconnus pour leur expertise et porte-parole de votre marque, ils développent un fort sentiment d'appartenance. Conscients des bénéfices de leur démarche, ils sont de plus en plus enclins à partager les contenus de l'entreprise pour lui faire profiter de leur réseau personnel. Cela entraîne une productivité renforcée, qui est favorisée par un climat social valorisant.

« Vos collaborateurs sont vos meilleurs ambassadeurs. »

4 - Employee Value Proposition

L'employee Value Proposition (EVP), est la valeur offerte par un employeur à ses salariés en échange de leur travail. C'est tout ce qui participe à créer, dans l'entreprise, de la valeur dans le but d'attirer des talents et de les retenir en bâtissant une stratégie autour d'eux. C'est ce qui rend votre entreprise unique et la différencie des autres entreprises du point de vue des salariés.
L'EVP n'est pas seulement une somme d'avantages et de récompenses. Il ne s'agit pas seulement d'éléments tangibles (primes par exemple) mais également d'éléments intangibles (horaires flexibles, types de projets, ambiance, etc...). Ce sont tous les éléments qui permettent de formaliser ce que l'entreprise offre à ses salariés en ce qui concerne l'expérience de travail, l'ambiance, le bien-être, la qualité de vie au travail ou encore l'épanouissement au quotidien. Tous ces éléments participent à créer une bonne expérience collaborateur.

L'Employee Value Proposition est la réponse d'une entreprise aux questions suivantes :

«Pourquoi choisir cette entreprise plutôt qu'une autre ?»
«Qu'offre-t-elle en compensation du travail de ses salariés, en plus de leur salaire ?»
«Que propose cette entreprise pour le bien-être quotidien ?»
«Pourquoi est-ce un bon endroit pour travailler ?»
«Que peut-elle offrir que d'autres ne pourront pas ?»

Les 5 catégories clés de l'EVP :

- **Les indemnités :** L'ensemble du système de rémunération de l'entreprise : Salaires, primes, bonus, promotions et autres récompenses additionnelles.
- **Les avantages :** Flexibilité horaire, politique de congés payés, télétravail, assurance et avantages sociaux.
- **L'environnement de travail :** Environnement de travail positif, compréhension des rôles de chacun, équilibre vie personnelle et professionnelle, possibilités d'évolution de carrière, workplace, type de management, organisation de la vie de l'équipe, autonomie, etc...
- **La culture d'entreprise :** Valeurs d'entreprises, teambuilding, méthodes de travail, travail à distance, implantation nationale ou internationale.
- **People :** Les managers, les dirigeants, les RH, les salariés, les freelances et les relations intra-entreprises.

EVP & Entreprise

Les modes de travail et de recrutement ont beaucoup changé ces dernières années, notamment avec l'arrivée des Millenials sur le marché du travail. Aujourd'hui, on postule directement en ligne et parfois même directement sur des réseaux sociaux ou des plateformes dédiées (LinkedIn, Indeed, Monster, COREcruitment...).
Les candidats ont de plus en plus de pouvoir dans le processus de recrutement : ce n'est plus seulement l'entreprise qui choisit son candidat, mais aussi le candidat qui choisit son entreprise. Et ces derniers ne prennent plus seulement en compte le salaire, mais également les autres avantages proposés et l'impact qu'aura l'entreprise sur leur quotidien au travail et sur leur évolution professionnelle.

Objectif & Avantages EVP

Cela concerne donc le recrutement et la rétention des talents. La proposition de valeur pour nos employés est essentielle pour notre stratégie RH et nous permet de nous différencier des autres entreprises d'un point de vue employeur.

- Attirer et recruter les meilleurs talents,
- Fidéliser et retenir les talents dans l'entreprise,
- Réduire les coûts de recrutement,
- Créer une relation de confiance avec nos employés,
- Structurer l'offre RH avec une stratégie cohérente,
- Se différencier de la concurrence.

5 - Faire sens

Les Millenials sont engagés dans le monde, mais ont en même temps une attitude individualiste de ceux qui ont grandi dans l'une des périodes les plus instables de l'histoire de l'humanité. Ils ont été confrontés à des problèmes tels que le 11 septembre 2001, le changement climatique et la grave érosion de la biodiversité. Par conséquent, ils sont plus préoccupés par le monde que les générations précédentes et cherchent un sens dans leur travail, mais aussi dans leurs dépenses.
Les marques qu'ils adoptent doivent représenter quelque chose, avoir une vision ou une mission claire. Apporter directement ou indirectement une contribution substantielle au monde. La mission de l'entreprise ne peut pas être uniquement axée sur le profit mais doit avoir une résonance universelle.
L'Entreprise doit se demander quel est son rôle dans la société et quelle contribution elle y apporte et s'acquitter impérativement de cette mission en responsabilité.

*« Dire ce qu'elle fait et faire ce qu'elle dit ;
nous sommes entrés dans l'ère de la loyauté,
des promesses tenues dans la quête du bien commun. »*

Après le mouvement « Black Lives Matter » né en 2013, les entreprises n'ont plus le choix et doivent prouver qu'elles se diversifient. Équilibre, vie-privée vie-professionnelle, quête accrue de sens, modes de travail plus collaboratifs, management moins hiérarchique, plus de ressources et d'opportunités d'engagement dans le cadre de l'entreprise et au-delà, pour l'intérêt général.
Beaucoup de défis à relever sont intergénérationnels, mais les enjeux de la révolution numérique, qui bouleversent profondément les marchés, les métiers et le paysage de l'entreprise, doivent inciter les organisations à se transformer en profondeur, à repenser leurs organisations, leurs modes de travail et de collaboration.

Solutions & initiatives

- **Densification du sens** et pédagogie autour de la mission de l'entreprise.
- **Libération du travail** pour le rendre plus flexible en journée et adapter les temps de travail et de télétravail.
- **Acculturation des équipes** au numérique et à l'innovation, développement du coworking et lutte contre les silos (structure organisationnelle ; personne, équipe, service, etc… qui fonctionne de manière autonome, sans lien étroit ni partage d'information avec le reste de l'organisation.)
- **Accompagnement** au changement et redéfinition du rôle des managers.

6 - Double Spirale de Maslow

C'est Karin Boras, Directrice adjointe de la Chaire « Gouvernance & Responsabilité Sociétale des Entreprises » de l'Université du Mans, qui a défini la Double Pyramide de Maslow.
Le recul de l'engagement des collaborateurs dans les entreprises et des consommateurs vis-à-vis des marques s'explique en partie par le fait que les entreprises continuent d'employer un logiciel aujourd'hui obsolète : la pyramide des besoins de Maslow, dont la hiérarchie était censée rendre compte des différents niveaux d'accomplissement individuel de chaque être humain.
Les « besoins physiologiques » et les « besoins de sécurité » socle de cette pyramide, les besoins d'appartenance, d'estime, d'accomplissement et d'aboutissement dans une logique de progression sans fin, ont amenés la valeur fondamentale

de « progrès » de l'après-guerre à gouverner le monde, en servant de filtre pour décrypter les comportements et les attentes des consommateurs jusqu'à ce jour.

Mais cette valeur fondamentale de progrès est aujourd'hui dépassée par une valeur de plus en plus prégnante en ce début de siècle : celle de « progrès responsable », et par la notion de « quête du bien commun » qui l'accompagne.
Comme pressenti par Abraham Maslow lui-même, l'homme parvenu au fait de son accomplissement individuel aspire à dépasser sa propre individualité pour entrer en communion avec ses contemporains et s'engager au service de quelque chose qui le dépasse, le sens commun.

« L'Être Humain complètement développé tendra à être
motivé par des valeurs qui transcendent sa personne. »
Abraham Maslow, 1969.

La double spirale de Maslow est une représentation vertueuse permettant d'articuler accomplissement individuel et intérêt collectif tout en redonnant du sens au travail, à la marque et à l'engagement de chacun (collaborateurs et consommateurs), dans laquelle les nouvelles aspirations des collaborateurs et des consommateurs sont prises en compte.

- Un engagement responsable : Bonifier ce qui nous a été confié.
- De l'Individualisme au Sociétalisme : Prendre part et agir ensemble.
- Développer de la constance dans un monde instable : Penser éco-systémique et équité en chaque chose et pour tous.
- Innovation sociétale en conscience : Être utile pour le Bien Commun.
- Partage de conscience et de spiritualité : Dans une interdépendance dans l'espace et le temps pour donner du sens à nos vies.

« Les trois besoins fondamentaux de l'être humain :
être respecté, réaliser son potentiel et s'auto-diriger. »
Isaac Getz

3.2

Line Management & Implications

Le line est le système fonctionnel et hiérarchisé d'une organisation sur un modèle pyramidal. Chacune des divisions du Line est autonome et doit respecter des objectifs à atteindre en termes de coûts, d'organisation, de nombre de salariés, de chiffre d'affaires, etc...
L'avantage de cette structure est qu'il n'y a toujours qu'un seul chef, soit une unicité de commandement, ce qui en fait une structure claire. L'inconvénient est que cette structure peut créer des conflits de direction par fonctions par rapport au staff.
C'est un concept bidimensionnel de par le leadership et la dimension du comportement au travail à prendre en compte par le management :

- Une dimension technique axée sur l'optimisation des ressources,
- Une dimension humaine.

« Le management est quelque chose qui se rapporte à des êtres humains. Sa tâche, son devoir, c'est de rendre les hommes capables de produire un résultat commun, de donner de l'efficacité à leurs capacités, et de faire en sorte que leurs points faibles n'aient pas d'importance. »
Peter Drucker, 1989

► Expectation Line

C'est Elodie Gentina, enseignante-chercheuse à l'IESEG School of Management et conférencière, spécialiste de La génération Z, qui y apporte la réponse la plus éclairée (Revue de L'ADN, n°24). Les jeunes veulent être à la fois en team et libres, avoir du temps libre et être des acteurs écoutés dans l'entreprise. Ne plus avoir de métier mais une mission, autant de paradoxes avec lesquels l'entreprise se doit de composer.
Pour les X (1965-1980), l'entreprise était une sorte de substitution de la famille. Le travail était extrêmement important, il fallait un bon salaire et un bon boulot pour s'en sortir dans la vie.

Les Y étaient plutôt dans une logique donnant-donnant : l'entreprise devait leur montrer ce qu'elle pouvait leur apporter, et, si ça valait le coup, ils s'investissaient en retour.

Les Z n'arrivent pas à se projeter, et remettent vraiment l'entreprise en question. Leur ambition n'est pas de gravir les échelons, mais de protéger un bon équilibre entre leurs vies personnelle et professionnelle.
Réussir dans la vie, c'est avant tout réussir « Sa vie » , au niveau de leur job, ça se traduit par l'intérêt du poste, la possibilité de s'investir et de grandir, l'entreprise est perçue comme une sorte d'école apprenante et partageante, pas comme un lieu de sacrifices.

En majorité, les jeunes générations considèrent que les grandes entreprises ne sont pas suffisamment engagées au niveau social et environnemental. Or c'est vraiment ce qu'elles souhaitent retrouver dans leur vie professionnelle, elles préfèrent d'ailleurs parler de « mission » plutôt que de « métier ».

Les Z savent décortiquer les discours, ne sont plus dupes, s'intéressent aux fondations d'entreprise, au-delà de l'engagement, le critère important est la notion d'apprentissage, ils envisagent l'entreprise au prisme de l'enrichissement personnel.

► Motivation Line

La nouvelle génération de manager cherche des relations authentiques, ils ont surtout besoin d'être connectés aux « vrais gens ». Les jeunes cadres ont le sens de la communauté, ils ne sont peut-être pas fidèles à l'entreprise, mais ils sont fidèles à leurs collaborateurs et cela doit amener les entreprises à réfléchir sur la notion d'équipe.

Ces Team Leader aiment créer, travailler « en mode projet », ce qui peut amener l'entreprise à envisager de développer « l'intrapreneuriat » (permettre aux salariés de l'entreprise de développer des projets entrepreneuriaux au sein même de leur lieu de travail.) .

L'esprit d'équipe est l'un des premiers critères de fidélité à l'entreprise, très souvent, ils restent pour l'équipe ; leurs collègues deviennent des copains, ils aiment travailler en team. Nous sommes passés d'une fidélité d'entreprise à une fidélité sociale et collective, ce n'est plus quelque chose de subi, mais de choisi.

Le rapport à la hiérarchie est remis en cause, on passe d'un Mode Pyramidal à un Mode Réseau, ce n'est pas une crise de l'autorité, mais une crise de crédibilité des porteurs de l'autorité.
On ne respecte plus son manager pour son âge ou son expérience, mais pour ses compétences ; à savoir qu'un bon leader doit être proche de ses équipes, leur faire confiance, être avec elles au quotidien.
Les retours doivent être réguliers et non plus programmés de façon annuelle, ce qui ne correspond plus à leur manière de concevoir le lien hiérarchique ; ils sont entrés dans l'ère de l'instantanéité.

► Actions & Nécessité

L'entreprise doit revoir sa position sur la confiance avec ses salariés et abandonner le système de contrôle encore utilisé qui est devenu obsolète aujourd'hui. La jeune génération demande de plus en plus de flexibilité ; il devient difficile de lui demander de travailler cinq jours par semaine, de 9 heures à 19 heures. Les jeunes veulent pouvoir aller en salle de fitness, et éventuellement revenir travailler à 20 heures. L'entreprise se doit d'accepter de faire des retours réguliers sur les résultats, sans entrer dans une forme de flicage, et faire la liste des moyens et des contenus mis en œuvre.

Il existe deux nouvelles formes de reconnaissance :

- **La reconnaissance existentielle** qui vient des qualités des managers : sont-ils capables d'écouter, d'aider, de faire confiance à leurs équipes ?
- **La reconnaissance intégrative** est la volonté de contribuer à la transformation de l'entreprise, à la conduite du changement.

Les solutions sont nombreuses :

- Faire du « mentoring » inversé en demandant aux jeunes de former les seniors aux outils numériques,
- L'arrêt des e-mails en interne, pour implanter des outils plus communautaires,
- Plus de flexibilité, faciliter le télétravail, revoir les modes hiérarchiques,

- Accorder une demi-journée par semaine à des projets d'intrapreneuriat,
- Mise en place de feed-back informel, versus entretiens annuels,
- Créer des ComEx (comité exécutif) qui intègrent les plus jeunes,
- Accorder du temps pour l'entreprise en dehors de leur mission propre.

▶ Projection & Objectif Line

Pour eux, les termes de « carrière » et de « métier » n'ont plus lieu d'être, ils sont prêts à rester dans la même entreprise pendant longtemps si on leur confie différentes missions, différents projets.
Ils veulent pouvoir faire plusieurs activités, même si cela implique de partir faire le tour du monde pendant un an. Ils sont au courant de tout ce qui se passe dans le monde, ont des amis partout et ont envie de voir de plus près ce qu'il y a ailleurs.
Leur relation à l'avenir n'est plus du tout la même ; si on leur demande où ils s'imaginent dans dix ans, il y a de fortes chances pour qu'ils répondent qu'ils ne savent pas.
Ça n'est pas une question de manque de motivation, mais simplement une vision différente de la vie de l'entreprise.
Leur objectif n'est pas forcément de créer leur boîte, mais d'être libres de travailler comme ils en ont envie. En 2018, une étude IPSOS montrait que seuls 36 % des jeunes voulaient créer leur entreprise. Ils sont plutôt attirés par l'intrapreneuriat : l'équilibre entre vie professionnelle et vie personnelle est extrêmement important pour eux ; cela est davantage gage de stabilité et de pérennité.
Le management général doit savoir s'adapter face à ce contexte économique tendu et au bouleversement social que nous vivons. Les jeunes cadres sont les ressources de management de demain que nous ne pouvons nous permettre de perdre pour rebondir et rester compétitif dans le marché concurrentiel qui est le nôtre.

▶ Outils & Action - Management Bienveillant

Philippe Rodet, médecin spécialisé dans le cadre du travail sur les sujets de santé, bien-être et bonheur, se veut plus précis quant aux qualités et comportements à adopter par les managers :

- **Veiller à donner du sens au travail de chacun :** Lorsqu'un individu prend conscience de l'utilité de son travail, il est en partie protégé des effets du stress. Mettre en avant le sens et la finalité du travail, vis-à-vis des autres parties prenantes de l'entreprise est toujours payant en terme de motivation.

- **Fixer des objectifs au bon niveau** (ambitieux mais réalistes) **:** Si les objectifs sont trop élevés, on génère du stress, s'ils sont trop bas, on suscite de l'ennui. La solution est d'établir des objectifs juste au-dessus des capacités du collaborateur, afin qu'il puisse donner le meilleur de lui-même.
- **Savoir exprimer leur gratitude & encourager leurs équipes :** Les encouragements permettent d'augmenter le sentiment d'efficacité personnelle, c'est-à-dire la conscience que dans des domaines bien précis, le collaborateur a du talent. Cela accroît la confiance en soi, la persévérance, l'optimisme qui sont autant de facteurs de succès.
- **Donner de l'autonomie :** Laisser place à la créativité de leurs collaborateurs et à l'optimisme, la liberté d'action diminue les effets du stress, et permet d'exprimer de la confiance à ses collaborateurs. Cela revient à faire émerger des émotions positives qui diminueront le niveau de stress, amélioreront les relations et renforceront la créativité.
- **Être perçus comme justes** (dans les reproches comme dans les compliments) **:** Et enfin, lorsqu'un manager a été injuste, il doit présenter des excuses à ses collaborateurs. Cela permet de renouer l'échange et d'éviter les frustrations. Autre levier important : le manager doit être capable de faire plus de compliments que de reproches car les critiques restent plus longtemps en mémoire.
- **Etre capable de reconnaître leurs maladresses ou leurs erreurs :** De même que le manager doit être capable de présenter des excuses à ses collaborateurs s'il a été injuste envers eux, il doit également être capable de reconnaître ses propres erreurs, sans tomber pour autant dans l'auto-flagellation systématique bien sûr, cela concourt à son exemplarité.

La réinvention des relations au travail mérite assurément un management à la hauteur et n'est pas aussi utopique qu'on pourrait le croire, comme le prouvent les exemples de plus en plus en plus nombreux d'entreprises ayant réussi à promouvoir à grande échelle ces notions de bienveillance.

Pionnier dans ce domaine, le groupe Casino (350 000 collaborateurs dans le monde, 75 000 en France) a fait de la bienveillance un axe fort de sa politique et de ses valeurs. *« Depuis 10 ans, le bonus des cadres repose sur le respect des attitudes et de comportements managériaux bienveillants »*, Laure Vanneufville, DRH/HR Partner International.

Le groupe de distribution est d'ailleurs à l'initiative d'un master 2 « Commerce et distribution - management bienveillant » dont la première promotion a démarré au mois d'octobre 2015 à l'université de Saint-Étienne.
Concrètement, Casino a à ce jour sensibilisé aux enjeux du management bienveillant près de 4 200 de ses 6 000 cadres. Et un réseau de 1 200 « bienveilleurs » a été mis en place, soit 1 200 salariés volontaires de toutes activités et de tous statuts qui s'engagent à identifier leurs collègues en difficulté et à les orienter vers des personnes à même de les aider.

Ce qu'il a été possible de mettre en place dans ce secteur de la grande distribution, au demeurant peu réputé pour le bien-être au travail, pourrait sans doute être dupliqué, en tout cas servir d'exemple à un certain nombre d'autres grandes entreprises, mais également à de nombreuses PME et TPE.

► Enjeux & Impact

La compréhension par les équipes de management de la nécessité de la mise en place, d'un management équitable et de la redéfinition de la politique de pilotage du staff basé sur le respect est dépendant de la satisfaction client.
C'est ce qui à moyen et long termes garantit les postes, le statut des cadres au sein de l'entreprise et par là même le maintien de leur avancement, bonus et avantages divers.
Comme nous avons pu le constater pendant la COVID-19, les invisibles sont devenus les essentiels, sans qui plus rien n'était possible et ce sur quoi s'est reposée l'économie mondiale.
La hiérarchie des besoins et des nécessités s'est inversée, force est de constater que l'épanouissement des salariés et la place que nous leurs accordons est essentiel pour une garantie pérenne, profitable et qu'il nous faut définitivement changer de logiciel de management ; la clef de notre réussite est indissociable de leur bonheur.

« Lorsqu'on regarde en avant vers le siècle prochain, les leaders seront ceux qui donnent des pouvoir aux autres. » Bill Gates

3.3

Impact & Result on Customer

Le CRÉDOC (Centre de Recherche pour l'Étude et l'Observation des Conditions de Vie), est un organisme d'études et de recherche au service des acteurs de la vie économique et sociale qui étudie les attentes des consommateurs en matière de responsabilité sociale des entreprises.

► **La Responsabilité Sociale des Entreprises (RSE)**

Peut se définir comme l'engagement volontaire des entreprises dans des pratiques sociales allant au-delà des obligations légales et ne se rapportant pas directement à leurs activités économiques.
Pour l'Union Européenne, la responsabilité sociale est passée « d'un concept qui désigne l'intégration volontaire, par les entreprises, de préoccupations sociales et environnementales à leurs activités commerciales et leurs relations avec leurs parties prenantes » en 2001, à « la responsabilité des entreprises vis à-vis des effets qu'elles exercent sur la société » en 2011.

1 - Notion de RSE

Ce travail de recherche est consacré à la responsabilité sociale des entreprises. Il analyse dans un premier temps l'évolution de la place accordée au consommateur dans la notion de responsabilité sociale des entreprises sur la base d'une analyse bibliographique. Dans un second temps, l'enquête Consommation 2020 du CRÉDOC permet d'examiner les perceptions et attentes des consommateurs en matière de RSE.
Cette enquête montre que la majorité des consommateurs (60 %) ont déjà entendu les expressions « responsabilité sociale d'entreprise » ou « entreprises responsables » dans les médias ou des conversations. Tranchant avec le discours ambiant, ils n'associent pas la RSE aux grandes entreprises. Moins d'un quart d'entre eux considère que les entreprises les plus engagées dans la RSE sont les grandes entreprises.

Au final, dans leurs représentations de la responsabilité sociale des entreprises, les consommateurs interrogés en 2011 s'affirment peu comme des acheteurs des biens et services fournis par des entreprises.

Deux questions retiennent prioritairement leur attention :

- Les relations et conditions de travail
- L'environnement.

2 - Perceptions & attentes des consommateurs

L'analyse de similitude, proposée en premier lieu, montre que la responsabilité sociale des entreprises renvoie de façon privilégiée à l'idée d'une responsabilité à l'égard des salariés auxquels les entreprises assurent ou devraient assurer de bonnes conditions de travail et de rémunération, et également d'emploi, en évitant délocalisation et chômage. Mais la RSE est également associée par les consommateurs à l'idée d'une responsabilité des entreprises à l'égard de l'environnement qui doit être respecté par une attention à la nature, à l'écologie, à la pollution, à l'énergie, aux déchets, à leur recyclage...

Les consommateurs s'affirment de façon privilégiée en tant que citoyens soucieux des impacts environnementaux, mais surtout sociaux, de l'activité des entreprises sur la société.

Topiques

Son engagement dans l'emploi et la production d'inégalités entre les consommateurs, ainsi que les conditions de travail proposées par les entreprises à leurs salariés.

Son implication au niveau salarial et au rôle intégrateur qu'elles jouent dans la société, en particulier à travers les aides envers les personnes en difficulté, les jeunes, les handicapés....

Également la responsabilité des entreprises envers les acteurs sociaux, plus exactement d'une responsabilité envers les « salariés », mais également les « clients », à travers le respect des « lois » notamment sociales, et des « normes ».

Par l'attention qu'ils portent au maintien des emplois, aux conditions de travail des salariés, au respect qui leur est dû, ils s'affirment de façon privilégiée en tant que citoyens soucieux des impacts environnementaux, mais surtout sociaux, de l'activité des entreprises sur la société.

3 - Outils & Actions

Trusteeship (devoir envers tous les contributeurs de l'entreprise)
La prise en compte des intérêts des consommateurs par les entreprises fait réellement son apparition au cours des années 1920, aux États-Unis, autour de la notion de trusteeship. Des entrepreneurs américains s'identifient comme des trustees, c'est-à-dire des curateurs chargés de veiller sur les intérêts des différents groupes associés à l'activité de l'entreprise. Le trusteeship est le fait, pour les managers, de ne pas seulement chercher à maximiser le profit de l'entreprise, mais de « maintenir un juste équilibre entre les demandes contradictoires des clients, des employés, des fournisseurs, des créditeurs, et de la communauté, aussi bien que des actionnaires ».
Le client est un acteur essentiel dans la notion de trusteeship. Il est en large partie à l'origine du profit de l'entreprise : aller contre ses intérêts est, par conséquent, contre productif.

« Nos clients ont le droit de demander qu'une entreprise (...) ne mène pas seulement ses affaires honnêtement et correctement, mais qu'elle aille au-delà en satisfaisant ses obligations publiques et en accomplissant ses devoirs publics... en un mot, aussi vaste qu'il soit, qu'elle soit un bon citoyen ». Owen D. Young, CEO de General Electric Company

Stakeholders (théorie des parties prenantes)
Le concept de parties prenantes trouve ses racines dans celui de trusteeship : dans les deux notions, il y a l'idée de groupes concernés par l'activité de l'entreprise, et dont les attentes doivent être prises en compte. Néanmoins, dans le concept de parties prenantes, l'entreprise n'est plus l'arbitre des intérêts parfois contradictoires de son environnement immédiat. Elle se trouve au contraire exposée à une incertitude croissante sur le futur de son activité économique, liée à des questions politiques, à des enjeux environnementaux et à des demandes sociales : elle entre et doit entrer en interaction avec un environnement social où évoluent des acteurs aux motivations diverses.

« Tout acteur pouvant affecter ou être affecté par les activités de l'entreprise en est partie prenante. ». Edward R. Freeman, Philosophe & Universitaire.

Les consommateurs d'aujourd'hui sont plus connectés que jamais mais il n'a jamais été aussi difficile d'attirer leur attention. Celle-ci est en effet de plus en plus vite détournée, bien que le nombre de messages marketing, selon une étude de Selligent Marketing Cloud du Groupe Campaign Monitor, (plateforme avancée de cloud, spécialisée dans le marketing omnicanal-utilisation simultanée des canaux), fournit aux marques les données leur permettant de livrer un contenu personnalisé sur tous les canaux digitaux, clé de l'engagement des consommateurs.

« Être à l'écoute des clients, rechercher sans cesse des occasions d'offrir des expériences qui leur sont pleinement consacrées et mettre au point des programmes qui récompensent la fidélité et le soutien des consommateurs aidera les entreprises non pas à survivre, mais à prospérer malgré les difficultés qu'engendre l'environnement actuel »
Bruno Boussion, Vice P. Europe & DG.Fr Selligent Marketing Cloud.

▶ Caractéristiques des Millenials

La règle de base de toute bonne approche marketing : connaître son groupe cible. Certains des attributs personnels attribués aux Millennials sont les suivants : ils ont une image positive d'eux-mêmes, considèrent les idéaux plus importants que l'argent, sont nés entre 1980 et 2000 et sont la plus grande génération jamais vue. Nous pouvons distinguer 5 types de Millennials en fonction de leurs caractéristiques ou propriétés personnelles :

- **Socialisateurs (11 %)** : Ils aiment la liberté, le divertissement et les valeurs familiales,
- **Conservateurs (15 %)** :Ils privilégient la clarté, la structure, l'étiquette et les traditions,
- **Achievers (20 %)** : Ce sont des entrepreneurs en réseau qui considèrent le progrès social comme une priorité en plus de la famille,
- **Créatifs (23 %)** : C'est-à-dire des idéalistes à l'esprit ouvert, le développement personnel est crucial pour eux,
- **Challenger (32 %)** : Ils sont compétitifs, osent prendre des risques, aiment l'aventure et sont fascinés par le progrès et l'argent.

Cible

En raison de leur pouvoir d'achat croissant et de leur nombre considérable en chiffres absolus et relatifs, les Millennials constituent un groupe cible que les entreprises ne peuvent ignorer. Le pouvoir d'achat de ce groupe démographique augmente actuellement et représentera environ 75 % de la main-d'œuvre mondiale d'ici 2025. De ce fait, l'influence de leurs habitudes de consommation s'accroît, de même que la recherche de produits et de services qui répondent à leurs attentes en tant que consommateurs.

► **Consumérisme Politique**

Le poids des consommateurs et des associations de consommateurs a évolué au cours des dernières décennies du XXe siècle. L'émergence du consumérisme politique, et la dénonciation de scandales par les consommateurs, sont un moteur efficace de la RSE en définissant les nouvelles attentes de la société civile envers les entreprises et en pointant du doigt les mauvais « élèves ». Stigmatisées, voyant leur image dégradée par les accusations lancées contre elles, les entreprises concernées cherchent à mettre en valeur leur attitude responsable.
Les chercheurs s'accordent sur une montée des préoccupations environnementales et éthiques des consommateurs, se traduisant par un intérêt de plus en plus marqué pour la consommation éthique, équitable ou verte au cours des dernières années.

1 - Norme ISO 26000

La norme ISO 26000 est une norme socio-politique d'origine privée qui constitue une alternative aux régulations des institutions internationales et des États, ainsi qu'une tentative de synthèse des pratiques de responsabilité sociale au niveau international. Le COPOLCO (Committee on Consumer Policy of the International Organization for Standardization), intégrant la notion de développement durable, à travers le souci du respect des générations futures, le contenu de la norme reflète la diversité des acteurs associés à ce projet.

Élaborée autour de sept questions centrales :

- La gouvernance de l'organisation,
- Les droits de l'homme,
- Les relations et conditions de travail,
- L'environnement,
- Les bonnes pratiques des affaires,
- Les questions relatives aux consommateurs,
- L'engagement sociétal.

2 - RSE vue par le consommateur

L'enquête «Consommation» du CRÉDOC (Centre de Recherche pour l'Étude et l'Observation des Conditions de Vie) est réalisée chaque année au mois de juin auprès d'un échantillon représentatif de 1 000 individus âgés de 18 ans et plus, selon la méthode des quotas.
Elle propose depuis plusieurs années des questions relatives à la consommation durable et engagée, notamment sur les critères d'achat privilégiés.
L'enquête de juin 2011 intègre une série de quelques questions spécifiques sur la responsabilité sociale des entreprises, visant essentiellement à examiner les représentations associées par les consommateurs à la RSE.
L'analyse de similitude introduit ainsi l'idée que la responsabilité sociale des entreprises renvoie de façon privilégiée à l'idée d'une responsabilité des entreprises envers leur personnel (salariés, employés) auxquels elles assurent ou devraient assurer de bonnes conditions de travail et de rémunération mais également d'emploi, en évitant délocalisation et chômage. Mais la RSE est également associée par les personnes interrogées à l'idée d'une responsabilité des entreprises à l'égard de l'environnement qui doit être respectée par une attention à la nature, à l'écologie, à la pollution, à l'énergie, aux déchets, à leur recyclage, etc...
Des sept questions centrales introduites par la norme ISO 26000, deux retiennent prioritairement l'attention des personnes interrogées : celle des relations et conditions de travail et celle de l'environnement. Par là, les consommateurs interrogés s'affirment de façon privilégiée en tant que citoyens soucieux des impacts environnementaux, mais surtout sociaux, de l'activité des entreprises sur la société.

3 - Synthèse

Les consommateurs interrogés en 2011 s'affirment plus comme des citoyens que comme des acheteurs de biens et services. L'obligation de pratiques loyales en matière de commercialisation et d'information, la protection de la santé et de la sécurité du consommateur, la qualité du service après-vente ou encore la protection de la vie privée des consommateurs retiennent peu leur intérêt.
Par contre, les thématiques de l'environnement et, surtout, des relations et conditions de travail suscitent leur attention.

Par l'attention qu'ils portent au maintien des emplois, aux conditions de travail des salariés, au respect qui leur est dû, les consommateurs interrogés s'inscrivent dans le droit fil de l'histoire des mouvements de consommateurs.

L'enquête montre en effet que si 66 % des personnes interrogées sont sensibles aux garanties écologiques du produit acheté, 70 %, au fait qu'il soit fabriqué par une entreprise soucieuse du droit des salariés, elles sont proportionnellement plus nombreuses à être sensibles aux garanties d'hygiène et de sécurité 85 % ou à la présence d'une bonne garantie et d'un service après-vente efficace 83 %.
Citoyennes lorsqu'elles évoquent la responsabilité sociale des entreprises, les personnes interrogées apparaissent avant tout comme des consommateurs lorsqu'ils se projettent en tant qu'acheteurs de produits de consommation : ils adoptent une attitude pragmatique qui valorise les dimensions ayant des répercussions directes sur elles.

► **Repositionnement Client**

La crise sanitaire, sociale et économique sans précédent à laquelle nous sommes confrontés va vraisemblablement modifier le rapport des consommateurs aux marques, aux médias et à la consommation en général. Les lignes bougent déjà : en témoigne cette récente étude mondiale réalisée et publiée par l'institut Kantar le mercredi 25 mars 2020 après avoir interrogé 25 000 consommateurs dans 30 pays, dont la France.

Baromètre COVID-19 de Kantar : Explore comment les gens se sentent et agissent dans le monde depuis le début de la pandémie. Avec plus de 150 000 opinions de personnes sur plus de 60 marchés, il aide les spécialistes du marketing à comprendre les implications à court et à long terme pour leur marque et les leviers marketing qu'ils doivent influencer.

Attentes consommateurs : Que les marques qu'ils choisissent s'occupent d'abord et avant tout de leurs collaborateurs, 78 % d'entre eux déclarant qu'elles devraient s'occuper de la santé de leurs salariés (81 % en France) et 62 % qu'elles devraient mettre en place un système de travail flexible (72 % en France).

Une minorité significative de consommateurs souhaitent que les marques soutiennent les hôpitaux (41 % contre 38 % en France) et aident le gouvernement (35 % contre 31 % en France). A noter que les Français demandent bien davantage aux marques, de rapatrier toutes leurs productions ainsi que leurs usines en France (30 % contre 16 % à l'international) .

Pour ceux qui continuent à faire de la publicité, une nette majorité de consommateurs attend de la publicité qu'elle apporte une contribution positive à la société:

- Parler de l'utilité de la marque dans la nouvelle vie quotidienne: 67% en France contre 77% à l'international.
- Informer sur ses efforts pour faire face à la situation: 62% en France contre 75% à l'international.
- Communiquer sur les valeurs de la marque: moins de personnes en France le souhaitent: 46% en France contre 61% à l'international.

Aujourd'hui, toutes les marques sont très à l'écoute de leur réputation sur Internet et font très attention à ce que pensent les consommateurs qui réclament du concret, des preuves de leur engagement et de l'authenticité.
Selon le cabinet ReTtrak (Reputation Institute) , 95% des entreprises ont vu leur réputation décliner en 2018. D'après l'étude, les plus fortes attentes des français se situent au niveau de la qualité des produits et des services offerts, la responsabilité de l'entreprise au-delà de ses produits, l'éthique, l'équité et l'influence positive de l'entreprise sur la société.

► Purpose Driven - Outils & Moyen

Le Purpose Driven Marketing vise essentiellement à comprendre quels sont tous les petits objectifs que chacun d'entre nous souhaitons atteindre afin de proposer du contenu adapté. Au travers d'un contenu donné, aider le public ciblé à atteindre ses objectifs.

Chacun d'entre nous avons nos propres objectifs dans la vie. Qu'ils soient grands et ambitieux ou plus petits mais non moins importants. La plupart d'entre nous, cherchons à renforcer l'atteinte de ces objectifs de la manière la plus simple possible, comme par exemple en faisant nos courses, nous cherchons par exemple à acheter un produit écologique dans une épicerie locale afin de préserver l'environnement et le commerce de proximité.

Des recherches récentes de Digital Marketing Philippines, démontrent que le Purpose Driven Marketing offre des avantages importants, tels que:

- 72% des consommateurs sont plus susceptibles de recommander une marque qui soutient une bonne cause.
- 73% des consommateurs sont disposés à changer de marque afin de soutenir une marque qui soutient une cause en laquelle ils croient.

- 88 % des consommateurs désirent que les marques qu'ils soutiennent aient un impact réel sur des causes qui leur tiennent à cœur.

Ces statistiques indiquent clairement que les marques qui auront le plus d'attrait aux yeux des consommateurs dans les années à venir seront celles qui seront capables de conduire le changement social et donc de se démarquer dans l'esprit des clients potentiels.

De nombreuses études ont montré que, parmi toutes les générations, les Millennials, en particulier, sont très optimistes quant à leur capacité d'apporter des changements à la société. En tant que tel, il est très important pour eux que les marques avec lesquelles ils font affaire s'alignent avec leurs propres valeurs et préoccupations, 91 % des Millennials changeraient de marque simplement pour traiter avec une qui donne de l'importance à une cause. 6 Millennials sur 10 ont d'ailleurs déclaré que ce sentiment de « faire partie » d'une cause était ce qui avait fait en sorte qu'ils aient choisi de travailler pour leur employeur actuel.

Au cours des 30 prochaines années, plus de 30 000 milliards de dollars passeront des mains des Baby-boomers aux générations X et aux Millennials. Cela signifie qu'ignorer le fait que cette génération ait besoin d'adhérer à une cause peut entraîner une perte importante de revenus et de parts de marché potentielles.

« Construire une bonne expérience client
ne se fait pas par accident. Cela arrive par conception. »
Clara Muscutt, fondateur de CMX

► Analyse

La réponse à l'optimisation de la gestion de la relation client passera inévitablement par une modification de la place accordée à la masse salariale au sein de l'entreprise, au travers d'un personnel heureux, reconnu, respecté qui trouvera un sens à son action. Ce n'est que grâce à l'épanouissement individuel et à la satisfaction de sa position que l'on peut en toute quiétude répondre aux attentes de la clientèle et au delà, être en recherche de l'excellence.

Le besoin de faire partie d'une histoire commune, rend les salariés fiers de leur travail et de leur entreprise. Cela les amène à développer une « attitude corporate » et par là même à rechercher la satisfaction client pour répondre à l'image

qu'ils ont de leur entreprise et également d'eux-mêmes.
Ce sont des « Hommes debout » , libres, volontaires, forts, indépendants, respectés, qui ont une place reconnue dans notre société, à même de transmettre des valeurs essentielles à leurs enfants et qui ont trouvé un sens à leur vie.

« J'ai toujours cru que la façon dont vous traitez vos employés est la façon dont ils traitent vos clients, et que les gens s'épanouissent lorsqu'ils sont félicités. »
Sir Richard Branson - Virgin Group.

3.4

Code of Ethic

Le management éthique met la priorité sur le bon sens et le respect de la condition de l'individu, afin de respecter au mieux sa dignité, sans toutefois sacrifier la productivité et l'image de marque de l'entreprise, le but étant de construire un contexte de coopération entre toutes les personnes concernées et l'entreprise.

La portée éthique est en réalité indissociable de l'action managériale et doit animer le leadership moral du management; ses principes moraux qui régissent son comportement et la pratique de son management.

► Principes

Les pratiques managériales éthiques sont des leviers de performance qui engendrent un sentiment de bien-être auprès des salariés, qui les amènent sur la voie d'une plus grande performance et d'une meilleure productivité.

Valeurs managériales

- L'équité
- L'exemplarité
- La communication directe, interpersonnelle
- Le pragmatisme
- Etre créateur de confiance
- Le respect de la dignité humaine (Bon sens & Bonnes mœurs)

Un juste équilibre entre vie professionnelle et vie privée permet aux salariés de donner le meilleur d'eux-mêmes dans une situation de confort et de sécurité.

► Organisationnel

En dehors de la performance commerciale de l'entreprise, sa réputation reste un facteur d'intérêt non seulement pour les clients, mais aussi pour la concurrence. Le mal-être des employés, leur frustration ou les mouvements sociaux, durcit le rapport avec les managers et se reporte inévitablement sur la clientèle par un manque de réponse à leurs attentes.

Dans le meilleur des cas, les conflits aboutissent à des règlements à l'amiable pour une satisfaction commune. À défaut, il s'ensuit une démobilisation de la clientèle et un désintéressement des partenaires qui se tourneront inévitablement vers la concurrence. Quelle que soit la situation vécue, l'entreprise supporte un manque à gagner du fait de la mauvaise qualité de l'environnement de travail.

Le leadership moral est de ce fait un élément incontournable dans une gestion responsable de l'entreprise.

► Enjeux

Concilier bien-être des salariés, compétitivité et performance est avant tout un enjeu de santé publique, sachant que la mauvaise santé mentale est la 4e cause la plus fréquente d'incapacité au travail, selon le Bureau International du Travail de l'ONU (BIT), par conséquent le stress représente 3 % du PIB. Le bien-être en entreprise participe non seulement à l'efficience économique mais aussi à l'harmonie et à la paix sociale.

Enfin, l'entreprise en ressort gagnante, puisque le bien être permet une meilleure mobilisation des collaborateurs. Elle se différencie, entre autres, de la concurrence et renforce son image en interne et en externe.

> *« Évoquer une éthique managériale, c'est faire référence dans le champ du management à une branche de la philosophie qui remonte à près de trois mille ans » . Ghislain Deslandes.*

► Corporate social responsibility (CSR)

Cela désigne la prise en compte par les entreprises, sur base volontaire, et parfois juridique, des enjeux, environnementaux, sociaux, économiques et éthiques dans leurs activités. Les activités des entreprises sont ici entendues au sens large : activités économiques, interactions internes (salariés, dirigeants, actionnaires) et externes (fournisseurs, clients, autres) .

Cette mise en œuvre nécessite une bonne perception de l'environnement de l'entreprise, des compétences en conduite du changement pour intégrer l'intérêt des parties prenantes, une connaissance fine des enjeux planétaires et de leurs déclinaisons politiques et réglementaires, ainsi qu'une connaissance des solutions techniques et managériales qui contribuent à l'amélioration des processus sanitaires, environnementaux et sociaux dans les entreprises.

Garantie éthique des bonnes pratiques sociales

- Le recrutement
- L'accueil et l'intégration des salariés
- Le suivi de carrière
- L'intégration des travailleurs handicapés
- La reconversion et la fidélisation des salariés
- Le baromètre social de l'entreprise
- Le dialogue social
- Analyse détaillée du processus de formation
- Surveillance et observation électronique et vie privée - Commission Nationale Informatique et Liberté (CNIL)
- Conditions de travail
- Responsabilité sociale de l'entreprise

► Les nouvelles attentes des salariés

Qu'ils soient salariés ou consommateurs, les Millenials demandent aux entreprises d'être exemplaires. Ils veulent se sentir utiles au travail et soutenir les valeurs auxquelles ils croient. Pour preuve, au cours des dernières années, le poids des critères liés à la RSE (responsabilité sociétale de l'entreprise) dans l'évaluation de la réputation des marques n'a cessé de croître. On comprend donc pourquoi la question du sens est maintenant au cœur de la stratégie des Entreprises.
Les jeunes cadres veulent travailler pour des entreprises qui voient au-delà de la simple création de richesse financière. Dans le même esprit, les collaborateurs d'une entreprise s'engagent davantage quand ils perçoivent le sens de leur métier. Aujourd'hui, la RSE est partout. Au point que le rôle social de l'entreprise pourrait même bientôt être inscrit dans la loi.

Leurs attentes

- De sens dans leur travail : développement des compétences, politique RSE, missions confiées, etc...
- De lien : ils souhaitent être associés aux décisions et faire partie des projets de l'entreprise.
- D'équilibre entre la vie professionnelle et la vie personnelle : flexibilité des horaires, déconnexion, etc...
- D'une bonne ambiance : bien-être, avantages sociaux, relations humaines, espace de travail, etc...
- D'un salaire attractif : sécurité, stabilité, projection, etc...

C'est ce qui ressort de l'étude « Comment la nouvelle génération va transformer l'entreprise » publiée par l'école de commerce Edhec (NewGen Talent Centre © NewGen for Good - Mai 2019) , qui a sondé plus de 2 700 étudiants en fin de deuxième année d'études supérieures.
À la question « quels sont les principaux critères de choix d'une entreprise pour y travailler ? », les réponses les plus fréquentes données par les jeunes concernent la diversité des collaborateurs (60 %) , la démarche RSE et le respect des principes du développement durable (50 %) .

Selon l'enquête « Talents : ce qu'ils attendent de leur emploi », portée par Boston Consulting Group-2020 lors de la Conférence des grandes écoles et Ipsos confirme cette tendance. Les jeunes talents, près de 6 200 étudiants ont été sondés sont plus que jamais en demande d'engagement de la part de leurs futurs employeurs. Ils sont 76 % à considérer que leur poste doit être en phase avec leurs valeurs. Près des 2/3 des sondés estiment par ailleurs que ce qui les rendrait le plus fier dans leur activité professionnelle serait « d'avoir été utile, d'avoir apporté des changements positifs à la société ». C'est l'élément le plus important pour eux dans ce domaine, loin devant la fierté d'avoir exercé un poste à responsabilité, moins de 20 % des sondés.
Parmi ces derniers, 9 sur 10 sont prêts à s'engager dans les actions sociales et environnementales de leur entreprise et 6 sur 10 sont prêts à refuser un poste dans une entreprise qui manque d'engagement.

«A l’heure où les technologies sont toujours plus nombreuses, plus rapidement obsolètes, la vraie valeur n’est plus dans l’innovation technologique, mais dans la culture d’entreprise. Une culture qui accorde au sens, à l’engagement et à l’éthique une place centrale, au-delà d’une simple politique RSE. Une culture qui permet aux salariés et aux consommateurs d’être fiers d’appartenir à une communauté, et qui sera la première qualité de l’entreprise du XXIe siècle.» Alexandre Mars. - ©Epic Foundation.

« L’éthique c’est l’esthétique du dedans. »
Pierre Reverdy, poète associé au cubisme & surréalisme.

- Partie 4 -

LES PARAMÈTRES

4.1

Qu'est ce qu'un Client ?

Un client, au sens économique, désigne la personne ou l'entité qui prend la décision d'acheter un bien ou service, de façon occasionnelle ou habituelle, à un fournisseur. C'est une personne qui confie ses intérêts à une autre personne en échange d'un bien.

▶ Dans l'économie

En économie de marché la notion de client est centrale puisqu'elle est à l'origine de la demande, d'où la nécessité de prendre en compte la gestion de la relation client pour faciliter et développer les échanges en gardant en mémoire le libre choix de leurs fournisseurs par les clients potentiels.
La prospérité d'une entreprise dépend de la satisfaction de ses clients et de sa capacité à traiter leurs demandes. Les méthodes pour identifier, satisfaire, attirer et conserver les clients relèvent du marketing.
Les études de R. Whiteley et G. Mulliez, « La dynamique du client », Maxima, Paris, 1994 (1re éd.) , ont démontré que la relation entre la production et les attentes des utilisateurs est loin d'être instaurée. En effet, environ 10 % à 40 % seulement des consommateurs continuent d'utiliser un produit après un premier achat.

▶ Dans l'histoire

À partir des années 1990, dans les pays développés, une idéologie du client a été propagée, « Sa place et son importance prépondérante au sein de l'économie », il serait le client roi, doué de raison et de pouvoir absolu.
De grandes entreprises ont mis l'accent sur le thème de la priorité de la satisfaction client. Ces idées ont eu des effets positifs et négatifs sur les clients et les employés, mais ont surtout permis de créer une culture de la relation client au sein des structures commerciales et accru leur rentabilité.

► **Ses besoins**

1 - Implicite (évidence non exprimé)

C'est une évidence pour votre client c'est pourquoi il ne l'énonce pas. Dans le cas où l'on ne répond pas à son attente, on produit la plus grande insatisfaction de par son attente implicite.
Dans le cadre d'un besoin implicite, le client a une vision de ses orientations ou de ses enjeux. Bien souvent, ses attentes sont profondes et cachées (besoin de reconnaissance, de sécurité, de rentabilité, de pouvoir...) . Il faut de ce fait être à l'écoute et faire preuve d'une grande attention afin de bien comprendre les moteurs de motivation du prospect. Le besoin profond est lié à la validation sociale et à l'estime de soi à travers l'image.

Les besoins implicites ne sont jamais exprimés. Il faut tout simplement y répondre en tout point. Être très performant sur un besoin basique n'apporte aucune satisfaction au client. Par contre, la moindre absence de performance sur un besoin basique génère un mécontentement terrible chez le client.

2 - Explicite (clairement exprimé)

Découle d'une réflexion du client et même parfois d'un cahier des charges, c'est le niveau le plus facile à appréhender car le plus souvent il est énoncé clairement.
Dans le cadre d'un besoin explicite, le manque a été reconnu par le client et il est en recherche. Il a formalisé ses attentes selon ses exigences fonctionnelles, mais le besoin explicite peut se révéler sous 3 formes :

- Le Client a une idée exacte du produit et veut réaliser un achat compulsif.
- Le Client a une idée exacte des caractéristiques fonctionnelles et hésite entre plusieurs produits.
- Le Client connaît ses exigences fonctionnelles, mais il a besoin d'assistance pour sélectionner le produit qui y correspond.

La satisfaction du client croît de façon linéaire avec la performance. Si la performance n'est pas au rendez-vous, le mécontentement sera également proportionnel à l'absence de performance.

3 - Latent (enfoui car lui-même n'en a pas toujours conscience)

Un besoin latent n'est jamais exprimé car le client n'en a pas conscience mais qui est susceptible de le devenir à tout moment. C'est ce qui explique la raison pour laquelle il n'est pas exprimé et qu'il peut rester implicite tout en correspondant à une attente réelle du client.
L'identifier et le remplir va créer chez le client une satisfaction énorme. La performance n'a pas besoin d'être importante pour créer énormément de satisfaction.

Il faut très peu de performance pour créer une grande satisfaction chez les client sur des besoins qu'il n'a pas exprimés et dont il n'a pas conscience immédiatement. A partir du moment où ce besoin est mis en évidence, le client en prend conscience. Cela devient un besoin exprimé. Si nous sommes les seuls à pouvoir le remplir, cela ferme la porte aux concurrents.

► Equation de la satisfaction client

La satisfaction client correspond à la somme des réponses données aux 3 types de besoins.
S = **BE+BI+BL**

Besoins explicites = 40 % de la satisfaction du client
Besoins implicites = 50 % de la satisfaction du client
Besoins latents = 10 % de sa satisfaction (l'argumentation)

« Personne ne raccroche le téléphone avant que le client n'achète ou ne meure ! » Le loup de wall street - Jordan Belfort

4.2

Qu'est ce que le travail

Etymologiquement parlant, le verbe travailler provient du latin vulgaire tripaliare, signifiant « torturer », lui-même dérivé du nom tripalium, qui désigne un instrument de torture à trois pals. Dans les mots travail et travailler, il y a donc originellement les notions de torture, de souffrance, de douleur.
Ces notions sont toujours très présentes dans certains sens de ces mots. En effet, travailler peut avoir les sens de « supporter un poids, supporter une charge, éventuellement en se déformant » (une poutre qui travaille) , de « soumettre à une souffrance morale » (la mort de son frère le travaille) , de « faire subir une série d'opérations pour obtenir un résultat » (travailler une pâte feuilletée) , etc...

▶ Au sens économique

Le travail est l'activité rémunérée qui permet la production de biens et services. Avec le capital, c'est un facteur de production de l'économie. Il est essentiellement fourni par des employés en échange d'un salaire et contribue à l'activité économique.

Travailler n'est pas un objectif en soi. Il est subordonné à une fin extérieure ; la satisfaction des besoins. C'est parce qu'on a des besoins ; et parce que le réel résiste à leur satisfaction qu'il faut travailler. L'homme est donc contraint de travailler. Le travail n'est pas recherché pour lui-même, mais pour autre chose. Il est dit « productif », dans la mesure où il a un résultat, un produit qui se distingue du travail comme activité.

Dans une perspective socio-historique, nous pouvons écrire, avec raison, que le travail est devenu, depuis l'avènement du capitalisme et la révolution industrielle du XVIIIe siècle, un attribut central de la vie humaine dans les sociétés occidentales.

► Aux origines

Le travail a été longtemps considéré comme une obligation, une contrainte provoquée par la nécessité de se nourrir et de s'abriter.

1 - Dans l'Antiquité

Le citoyen athénien est d'abord (d'où son nom) un homme qui s'occupe des affaires de la cité et qui décide, avec les autres citoyens, de la meilleure manière de les mener à bien. Les autres (les paysans, les artisans, les ressortissants d'autres cités, les esclaves) sont rivés à leur travail.
Le travail n'était donc aucunement valorisé dans cette cité état qui nous a pourtant donné les premières leçons de démocratie. Le citoyen a pour tâche (noble) de bien faire fonctionner la démocratie en se rendant quotidiennement à l'agora ou à l'ecclésia lorsque des décisions sont à prendre. Les non-citoyens, eux, ont comme tâche (plus ou moins vile) , la production et la commercialisation des biens et des services.

2 - Dans l'histoire

Selon Eugène Enriquez, professeur honoraire de l'Université Paris VII, auteur de : Le travail, essence de l'homme ? Qu'est-ce que le travail ? Les hommes n'aiment guère travailler et ils ne le font que contraints et forcés ou lorsqu'ils espèrent (comme dans nos sociétés) être reconnus par les dirigeants et les collègues des organisations dont ils font partie et qu'ils peuvent espérer satisfaire leur besoin de réussite, de fierté, de gloire et leur goût pour l'argent, dispensateur de plaisir.

Il fut prédominant dans les sociétés européennes et asiatiques. Il n'est que de rappeler la division entre les trois fonctions essentielles mise en évidence par le philosophe Georges Dumézil (1898-1986) qui ont caractérisé nos sociétés jusqu'à la Révolution française ; la force (d'où les hommes de guerre – les nobles d'épée dans notre société), la souveraineté spirituelle (d'où les hommes de prières – les religieux) et la fécondité (d'où les hommes de peine – paysans, artisans, commerçants) qui se nourrissent comme ils peuvent et qui sont contraints à nourrir les deux premières catégories, qui estimaient déchoir si elles se commettaient à travailler.

3 - Langage & communication

Tous les hommes possèdent un langage (les langues se comptent par centaines et il en a existé des milliers) , aussi bizarre et aussi rudimentaire soit-il, parce que le langage permet le passage de la force physique au conflit transformé et maîtrisé ; au dialogue, à la conversation, au jeu, au débat et à la controverse.

▶ Perception & Ressenti

Selon le sociologue Vincent de Gaulejac dans son livre : Travail. Les Raisons de la colère aux éditions Le Seuil, (2011) . « Tout le monde a conscience de la dégradation des conditions de travail et de la montée de la précarité » .
En conséquence, le travail exprime l'exploitation des personnes. Dans un monde où seul le profit est respecté, chaque individu « subalterne » est mis dans une situation d'angoisse, de peur de perdre sa situation et est contraint d'accepter le salaire insuffisant ou l'emploi même rebutant qu'on lui propose sous peine de se transformer un jour en SDF. Jamais l'exploitation n'a été aussi franche et aussi cynique, malgré les efforts des tenants de l'économie solidaire et des quelques « patrons » qui ont encore la « fibre sociale » .

▶ Implication

Le travail salarié implique la connaissance d'un métier pour lequel un apprentissage a été préalablement nécessaire (ou qui va se faire « sur le tas » grâce dans le meilleur des cas à l'aide d'un compagnon, plus expérimenté) et qui va permettre au travailleur de faire preuve d'imagination et d'adaptation, de se confronter au « réel du travail » (toujours différent du « travail prescrit ») .
L'emploi est toujours situé à l'intérieur d'une organisation. Il est encadré par des normes, des règles, des procédures. Il se présente comme l'expérience fondamentale de la contrainte, malgré les contraintes (et son caractère « aliéné ») le salarié peut faire preuve d'initiatives, l'emploi n'a, pour la plupart des personnes en recherche d'emploi, d'autre signification que la survie biologique ou sociale.

Le genre
Il est important de se demander si la répartition de la charge entre les deux sexes a véritablement changé dans nos sociétés hypermodernes quand on constate que la majorité des femmes ont, en plus de leur travail salarié (souvent précaire), l'obligation de prendre en charge les travaux domestiques, les hommes, le cas échéant (les familles monoparentales repose pour la plupart du temps sur des femmes) , interviennent toujours peu dans les tâches domestiques.

► Dommage

Combien de personnes dévouées et fidèles à leur entreprise, qui n'ont pas compté leurs heures de travail, découvrent un jour qu'elles ont saccagé leurs familles, oublié d'éduquer leurs enfants qui éprouvent, en retour, à leur égard un vif ressentiment, n'ont jamais pu réaliser le moindre de leurs désirs et se retrouvent seules, sans conjoint ni enfants et… parfois licenciées brutalement.

Nous devons être extrêmement lucide sur ce point et intégrer le fait qu'un travail sans sens n'est qu'un travail aliéné, déshumanisant, en opposition avec notre évolution sociétale et contre productif pour l'entreprise.

« L'homme est un être qui a soif de vérité »
Aristote

4.3

Fair Management

Le Management Équitable recouvre un certain nombre de pratiques de management fondées sur le principe d'un juste équilibre entre la performance économique et/ou opérationnelle de l'entreprise et l'épanouissement personnel au travail.
Il se fonde sur la capacité à construire des méthodes de management qui recherchent les ressources individuelles et collectives et les soutiens professionnels. Il favorise la délégation comme outil de partage et de reconnaissance réciproque des compétences. Il explore des problématiques engageant des solutions responsables, efficaces et protectrices de l'organisation, de ses missions, des usagers, des clients et des collaborateurs. Il pose une réflexion éthique sur l'exercice du pouvoir et la prise de décision. Il soutient la légitimité fondée sur la compétence, l'expérience et la confrontation à la responsabilité.

Le Management Équitable offre à des Managers les outils et le cadre d'élaboration et de réflexion d'une pratique s'appuyant sur l'engagement et la responsabilité.
Il place la personne humaine au cœur des préoccupations de l'entreprise en proposant un traitement équitable, respectueux des droits de chacun et porteur de bien-être social et crée l'ensemble des conditions managériales propres à développer en chaque individu un engagement personnel envers son entreprise, source de performance durable pour la collectivité.

▶ Contexte

La situation pandémique actuelle que nous traversons, couplée à la crise économique et financière a mis en lumière la nécessité de faire évoluer les pratiques managériales dans les entreprises pour nous préparer au Monde d'Après et redevenir compétitif.
Dans un contexte de transitions démographiques et économiques, de mondialisation et de concurrence exacerbée, d'exigences croissantes des marchés financiers, de restructurations à venir et de bouleversements sociaux, la confiance des sala-

riés dans l'avenir s'amenuise et la souffrance au travail s'accroît, alimentée par le manque de sens et l'absence de reconnaissance.

► Attendu

Le Management Équitable consiste à mettre en place :

- Des ambitions et valeurs à dimension humaine, environnementale et sociétale fortes.
- Une organisation claire, adaptée, cohérente et évolutive.
- Un management propre à développer les énergies et les talents.
- Des relations interpersonnelles fondées sur le respect mutuel et la reconnaissance.
- Une gestion proactive et performante du changement.
- Un comportement éthique et civique.

Il vise à développer, à tous les niveaux de l'entreprise, l'intelligence collective au travers d'une réflexion globale pour faire face aux enjeux de l'économie et au besoin intangible de l'épanouissement humain en son sein.

► Principes & Doctrine

C'est un ensemble de pratiques conciliant performance économique et bien-être social qui constituent les fondements du Management Equitable.

Au niveau de l'entreprise :

- Considérer l'épanouissement humain comme une source de performance et non comme un bénéfice collatéral.
- Impulser une dynamique collective, ambitieuse sur le long terme et porteuse de sens à travers un Projet commun.
- Intégrer le changement comme contexte permanent.

Au niveau du management :

- Préférer l'intelligence collective à l'obéissance passive.
- S'appuyer avec courage sur des valeurs et une éthique.
- Savoir écouter les collaborateurs et répondre aux attentes légitimes.
- Mettre en place une relation hiérarchique porteuse de respect, de confiance et de motivation.

Pour chaque collaborateur de tout niveau hiérarchique :

- Comprendre où va l'entreprise.
- Comprendre et savoir quel est son rôle dans l'entreprise.
- Comprendre à quoi il contribue dans son équipe.
- Donner le choix d'autres postes et fonctions en accord avec ses aspirations et ses capacités.
- Comprendre en quoi il contribue à la performance de son équipe, de son entité et de son entreprise.

1 -Politique d'entreprise

Les ambitions de l'entreprise, ses projets, son organisation et son fonctionnement témoignent d'un engagement sur des valeurs humaines, environnementales et sociétales qui font l'objet de communications régulières appropriées et sont intégrées à tous les niveaux.

2 - L'humain au centre du projet managérial (Workforce)

Concertation, dialogue et délégation sont les piliers d'un mode de management dans lequel la progression des compétences et les évolutions de carrière intègrent les projets personnels, et les relations interpersonnelles sont fondées sur le respect mutuel et la reconnaissance. Il faut affirmer l'importance de la prise en compte de la « dimension humaine de l'entreprise », comme avec le Management Participatif.

Dès que l'humain est au centre, cela implique également des défis de nature relationnelle et communicationnelle. La communication est, et restera toujours un défi au cœur de nos organisations et ce, peu importe la culture organisationnelle, les pratiques de gestion et la bonne foi des dirigeants. Chaque personne est unique. Nous avons tous notre propre perception de la vie, nos expériences qui ont forgé qui nous sommes, notre personnalité qui nous définit, nos ambitions qui nous guident, nos peurs qui nous freinent et notre réalité personnelle du moment qui teinte notre perception d'une même situation.

3 - Implication du Line Management (Manager team)

Une gestion transparente et juste des rémunérations, un management prévisionnel des effectifs pérenne, l'intégration de toutes les diversités et une démarche proactive de prévention des risques de santé, sécurité et environnement sont au cœur des préoccupations des managers.

- Amener chaque manager à fonder son management sur une relation positive et équilibrée.
- Développer la performance contributive des équipes.
- Élever la capacité des managers à renforcer la qualité des comportements.
- Assurer durablement la cohésion de l'équipe et la crédibilité du management.
- Organiser la délégation, concilier exigence et assistance.
- Créer avec le collaborateur un véritable contrat de progression partagé.

4 - Politique éthique & civique

La prise en compte des impératifs d'éthique, de développement durable et de responsabilité sociétale de l'entreprise, conjuguée au souci de qualité des produits et services est source de relations harmonieuses avec les fournisseurs et partenaires de l'entreprise.

► Management des projets

Les principes du Management Équitable s'appliquent parfaitement au Management de projet pour mettre en place une ambiance saine et porteuse de sens.

Actions & pratiques :

- Expliquer en quoi chaque décision projet se positionne en toute transparence en regard du contexte et des critères de Gouvernance.
- Pour les responsables du projet à tous les niveaux être exemplaires en toute circonstance en veillant par exemple à bien impliquer toutes les parties prenantes concernées dans les décisions.
- Multiplier les opportunités de reconnaissance pour redonner le plaisir de travailler y compris dans les situations de crise.
- Développer des rencontres de terrain informelles propices à l'échange, mais aussi créer des temps d'échanges formels autour des évolutions majeures du projet.

- Mettre en place un pilotage optimal centré sur les fondamentaux du projet, valorisant les efforts, transparent vis-à-vis de tous dans son reporting.

► Charte du Management Equitable AFraME (Association française du management équitable)

Élaborée par des dirigeants d'entreprise et d'administration, la Charte du Management Equitable se décline en 16 points regroupés sous quatre grandes têtes de chapitre.

Charte du Management Équitable® :

L'entreprise ambitieuse et exemplaire

1. Des ambitions qui conjuguent des dimensions stratégiques, financières et économiques avec des valeurs humaines, environnementales et sociétales.
2. Un projet d'entreprise cohérent dont la gouvernance, les objectifs et les indicateurs-clés traduisent l'engagement équitable de l'organisation et orientent ses démarches.
3. Une organisation claire, connue de tous, et des missions valorisantes, qui permettent à chacun de comprendre en quoi il contribue à la réussite collective et à la création de valeur.
4. Des communications régulières appropriées, collectives et individuelles, portant sur la vie de l'entreprise, ses performances, ses perspectives et ses projets.

L'humain au centre du management

5. Un mode de management positionnant aux justes niveaux la concertation, la déconcentration et la délégation dans la prise de décision et dans l'exécution.
6. Des relations interpersonnelles fondées sur le respect mutuel et la reconnaissance, porteuses de motivation et de progrès.
7. Des pratiques régulières qui favorisent le dialogue interhiérarchique, la progression des compétences, l'évolution des carrières et la prise en compte des projets personnels
8. Un dialogue social effectif, constructif, ambitieux, porteur de réflexion et de progrès, au-delà du cadre statutaire

Des managers responsables et impliqués

9. Des rémunérations fondées sur des principes homogènes et transparents, assurant une juste redistribution de la valeur ajoutée, et associant les employés aux résultats et à la performance de l'entreprise.
10. Un management prévisionnel des effectifs permettant d'équilibrer les générations et d'ancrer les compétences dans un cadre pérenne.
11. Au-delà du respect des lois applicables, l'intégration de toutes les diversités avec une attention particulière aux groupes vulnérables.
12. Une démarche proactive appliquée aux problématiques de santé, de sûreté, de sécurité et d'environnement, qui prévient le risque pour les salariés et les autres parties prenantes.

L'entreprise éthique et citoyenne

13. La prise en compte des impératifs de développement durable et d'un comportement éthique dans les processus de création de valeur.
14. La volonté de proposer des produits et services de qualité qui apportent une valeur ajoutée démontrable aux clients.
15. La volonté de développer une relation respectueuse et sincère avec les fournisseurs et les partenaires.
16. Un apport sociétal au travers de moyens directs et de l'encouragement à l'engagement individuel.

Nous avons aussi tous des besoins fondamentaux que nous cherchons à combler, bien que ces besoins soient les mêmes selon les neurosciences, ils s'expriment différemment chez chaque personne.

► Modèle SCARF

Ce sont les cinq besoins essentiels que toute personne cherche à combler par le travail. Les neurosciences ont permis de démontrer que le cerveau met son énergie en priorité dans des comportements qui visent à minimiser le danger, et cela ne lui permet pas de se concentrer sur autre chose.

S - Statut : Avoir un statut, sentir que nous avons une place dans l'organisation qui nous convient.

C - Certitude : Être en mesure de se projeter dans l'avenir.

A - Autonomie : Exercer un certain contrôle sur son environnement.

R - Relation : Être en interrelation avec les autres, faire partie d'un groupe.

F - Équité : Se sentir traité équitablement.

Les hormones du bonheur sont sécrétées lorsque ces 5 besoins du SCARF sont nourris (confiance) , tandis que les hormones du stress, au contraire, se libèrent lorsqu'un ou plusieurs besoins ne sont pas satisfaits (doute) .

Si le doute est supérieur à la confiance, alors la motivation baisse, la performance disparaît. Pour maintenir et renforcer l'engagement de vos équipes, il faut veiller à ce que la confiance soit supérieure au doute.

Il est donc primordial d'utiliser les 5 leviers du SCARF comme des outils pour guider votre management d'équipe, créer de la confiance, de l'ouverture au changement, de l'engagement et de la responsabilisation.

Cela permet de mettre en place une stratégie RH en concordance, en utilisant :

- Communication interne.
- Stratégies de recrutement.
- Comportements en tant que manager/dirigeant.
- Rituels animation d'équipe.

► Analyse

Dans les faits, si une situation que l'on vit ne permet pas de répondre à l'un de ses 5 besoins voire même l'atteint négativement, notre cerveau enregistre le tout comme étant une punition/une agression, ce qui aura pour effet de nous rendre peu à peu désengagés ou désillusionnés face à cette situation, ce collègue, ce dirigeant, cette entreprise. L'inverse est aussi vrai, plus nous nous trouvons dans un environnement de travail qui comble nos besoins fondamentaux et plus nous serons heureux, performants, mobilisés.

Il apparaît une très forte cohérence entre les principes du management équitable et le modèle SCARF, prenant en compte l'humain et ses besoins fondamentaux dans les politiques et procédures de l'entreprise.

« Traitez un individu comme il est, il restera ce qu'il est.
Traitez-le comme il doit et peut devenir,
il deviendra ce qu'il doit et peut être. »
Goethe

4.4

Le Total Quality Management

C'est la mobilisation de l'ensemble des acteurs de l'entreprise dans une démarche de gestion globale unique de la qualité et du service client. En plaçant le client au centre de notre action pour que le personnel soit amené à intégrer ce principe et à en devenir acteur.

C'est une démarche de gestion de la qualité dont l'objectif est l'adhésion d'une très large mobilisation et l'implication de toute l'entreprise pour parvenir à une qualité parfaite en réduisant au minimum les gaspillages et en améliorant en permanence les éléments de sortie.

► Doctrine

William Edwards Deming (1900 - 1993) était un statisticien, professeur d'université, auteur et consultant américain dont l'influence sur l'économie mondiale est considérable.

Pendant la Seconde Guerre mondiale, Deming a contribué à l'amélioration de la production des industries d'armement aux États-Unis en créant un programme de formation à l'université Stanford, mais il est surtout connu pour son influence au Japon après la guerre et les nombreux séminaires qu'il a dirigés aux États-Unis de 1980 à 1993.

Les méthodes de management de Deming ont été adoptées par les plus grandes entreprises japonaises. L'association des scientifiques et ingénieurs japonais, affiliée au Keidanren (la fédération patronale japonaise) a créé le prix Deming dès 1950 pour récompenser les entreprises ayant un haut niveau d'excellence en matière de management.

Objectif

- Réduction du gaspillage et excellente gestion des stocks.
- Optimisation du temps de travail et des conditions de travail.
- Amélioration constante des produits et/ou des services commercialisés.

Moyen d'action

- Ses employés.
- Ses processus ou sa manière de travailler.
- Son organisation.

Modiflcation & Effet

- Financier.
- Opérationnel.
- Humain.

▶ Les 14 points de W. Edwards Deming

1 - Gardez le cap de votre mission en améliorant constamment les produits et les services. Le but d'une entreprise est de devenir compétitive, d'attirer des clients et de donner du travail.

2 - Adoptez la nouvelle philosophie car nous sommes dans un nouvel âge économique. Les dirigeants occidentaux doivent s'informer de leurs nouvelles responsabilités et conduire le changement en acceptant une révolution culturelle.

3 - Ne vous reposez pas sur le contrôle final, faites en sorte que la qualité des produits ne demande qu'un minimum de contrôles et de vérifications. Intégrez la qualité au produit dès la conception.

4 - N'achetez plus au plus bas prix, abandonnez la règle des achats au plus bas prix. Cherchez plutôt à réduire le coût total. Réduisez au minimum le nombre de fournisseurs par article, en établissant avec eux des relations à long terme de loyauté et de confiance. Le prix n'a pas de sens s'il n'est pas mis en relation avec la qualité du produit acheté.

5 - Planifiez mieux, améliorez constamment tous les processus de planification, de production et de service, ce qui entraînera une réduction des coûts. La qualité doit être conçue à l'intérieur du produit.

6 - Instituez une formation professionnelle permanente. « Si vous pensez que la formation coûte cher, essayez donc l'incompétence. »

7 - Instituez le leadership, nouvelle manière pour chacun d'exercer son autorité. Le but du leadership est d'aider les hommes et les machines à mieux travailler. Révisez la façon de commander. Le travail des managers n'est pas de superviser, c'est le leadership.

8 - Chassez la crainte, afin que tout le monde puisse contribuer au succès de l'entreprise. «Personne ne peut donner sa meilleure performance s'il ne se sent pas en sécurité»

9 - Éliminer les barrières entre les services. Le travail dans un esprit d'équipe évitera que des problèmes apparaissent au cours de l'élaboration et de l'utilisation des produits.

10 - Éliminez les slogans, supprimez les exhortations et les formules qui demandent aux employés d'atteindre le zéro défaut pour augmenter la productivité. Elles ne font que créer des situations conflictuelles.

11 - Supprimez les quotas de production, ainsi que toutes les formes de management par objectifs. Ces méthodes seront remplacées par le leadership.

12 - Permettez aux salariés d'être fiers de leur travail. Supprimez les obstacles qui empêchent les employés, les ingénieurs et les cadres d'être fiers de leur travail.

13 - Instituez un programme de développement personnel ; programme énergique d'éducation et d'amélioration personnelle. Organiser le développement individuel des personnels vers l'expertise.

14 - Mobilisez tout le personnel de l'entreprise pour accomplir la transformation du modèle managérial.

- Le management s'engage à transformer la structure commerciale.
- Le management accepte l'idée que son engagement risque de susciter le rejet ou la marginalisation de la part de ses pairs.
- Le management communique largement dans l'entreprise le besoin de changement.
- L'organisation doit être revue pour identifier les processus, et les processus doivent faire l'objet de l'amélioration continue, c'est la roue de Deming ou Shewhart Cycle (L'idée étant de répéter les 4 phases : Plan, Do, Check, Act tant que le niveau attendu n'est pas atteint) .
- Le management commencera le plus tôt possible, et à rythme soutenu, la construction de cette nouvelle organisation.
- Chacun peut faire partie d'une équipe ; chacun peut proposer des idées d'amélioration des processus.
- Démarrez la mise en place d'une organisation dans laquelle le leadership sur la qualité et les statistiques sont au plus près de la direction générale.

La TQM à tous les niveaux de l'entreprise

Composantes du TQM	Actions associées
Amélioration continue	• Établir des projets à long terme • Faire de la veille marketing et technologique • Anticiper les besoins • Optimiser le temps de travail et les coûts de production • Innover
Concurrence	• Étudier la concurrence • Se différencier
Connaissance du marché	• Déterminer ses cibles et répondre à leurs besoins • Travailler les prix • Communiquer
Ressources Humaines	• Améliorer les conditions de travail • Former et motiver le personnel
Satisfaction	• Analyser les avis des clients • Appliquer les changements pour répondre aux attentes des clients

► Les principes de la qualité (normes ISO)

Ces 7 principes permettent à un organisme de structurer son organisation, ses processus, les activités en les prenant en compte.

- Orientation client
- Leadership
- Implication du personnel
- Approche processus
- Amélioration
- Prise de décision fondée sur des preuves
- Management des relations avec les parties intéressées

Nous vivons aujourd'hui dans un monde qui recherche sans cesse la perfection. Celle-ci est notamment due à la concurrence présente sur tous les marchés actuels. Les employés recherchent de meilleures conditions de travail, tandis que les entreprises veulent améliorer leur rentabilité et que les clients deviennent de plus en plus exigeants quant à la qualité de leurs produits. L'économie de la qualité est devenue un champ d'enjeux importants, concurrentiels et politiques, réglementaires et organisationnels.

« La qualité n'est jamais un accident.
Elle est toujours le résultat d'un effort conscient. »
John Ruskin

4.5

Customer Relationship Management

Le customer relationship management (CRM) , ou gestion de la relation client (GRC) , est l'ensemble des outils et techniques destinés à capter, traiter, analyser les envies et les attentes des clients et des prospects, afin de les fidéliser et les satisfaire en leur offrant ou proposant des services.
Cela consiste à savoir cibler, à attirer et à conserver les bons clients et représente un facteur déterminant du succès de l'entreprise. Construire et développer des relations avec ses clients est un défi, particulièrement lorsque l'entreprise possède des milliers (voire des millions) de clients qui communiquent avec celle-ci de multiples manières.
Pour arriver à un résultat satisfaisant, les systèmes de gestion des relations clients, customer relationship management doivent permettre aux responsables d'entreprise de mieux comprendre leurs clients pour adapter et personnaliser leurs produits ou leurs services.

▶ Historique

La gestion de la relation client est relativement récente. Le concept qu'il recouvre remonte au tout début des années 2000 et est le résultat des efforts commerciaux fournis par les sociétés de logiciels et de consulting pour promouvoir leurs solutions.

En réalité, le CRM recouvre un principe beaucoup plus ancien : la confection d'articles sur mesure ou adéquats par les artisans et commerçants pour leurs clients. Encore maintenant, de nombreux commerçants ou artisans connaissent remarquablement leur clientèle et ont développé, sans le formaliser, un excellent CRM.
Après des décennies marquées par la suprématie du marketing transactionnel orienté uniquement sur la transaction et non pas sur la continuité de la relation commerciale, on voit au milieu des années 1970, l'apparition du concept de marketing relationnel.
C'est en effet en 1975 que Richard P. Bagozzi énonce pour la première fois le

concept de marketing comme un processus renouvelé d'échanges entre un acheteur et un vendeur. Il pose ainsi implicitement la problématique de l'évolution de cette relation dans le temps.

Par la suite, c'est essentiellement dans le domaine du marketing des services que des contributions significatives seront apportées au marketing relationnel. C'est l'école scandinave du marketing qui sera la première à établir des comparaisons précises entre marketing transactionnel (marketing « classique ») et marketing relationnel.

Marketing management transactionnel versus marketing management relationnel

Marketing management	**transactionnel**	**relationnel**
Perspective temporelle	Court terme (approche « one shot »)	Long terme (approche continue)
Approche marketing dominante	Marketing mix	Marketing interactif (soutenu par le marketing mix)
Composante stratégique principale de l'entreprise	Dimension objective (approche produit)	Dimension relationnelle (solutions proposées)
Mesure de la satisfaction du client	Contrôle de la part de marché (approche indirecte)	Gestion des bases de données relationnelles (approche directe)
Système d'information sur les clients	Enquêtes de satisfaction (mesures épisodiques)	Systèmes de feedback en temps réel (mesures instantanées)
Interdépendance entre fonctions de l'entreprise	Cloisonnement entre fonctions et interfaces limitées (organisation verticale et hiérarchique)	Approche transversale et importance des interfaces (organisation horizontale et collaborative)

C'est au milieu des années 1990 qu'est mis en avant un des concepts centraux de la relation client et un de ses principaux intérêts pour l'entreprise : la profitabilité considérable générée par une relation qui perdure.

La fidélisation du client et les revenus futurs qu'il peut ainsi générer sont mis en perspective dans une optique financière et comptable. Se développe dès lors la notion de « valeur à vie ou lifetime value » qui permet de définir la valeur à terme d'un client tout le temps qu'est maintenue sa relation avec l'entreprise.

Aujourd'hui encore, le CRM est une discipline en pleine évolution. Il en ressort que plusieurs approches de ce concept se côtoient dans la littérature, selon que les approches soient plus ou moins technologiques.

▶ Composante du CRM

Les quatre composantes fondamentales du CRM :
- Connaissance du client
- Stratégie relationnelle
- Communication
- Le sur-mesure ou proposition individualisée

1 - Connaissance du client

La connaissance de chaque client à titre individuel est indispensable pour développer avec lui une relation durable et lui proposer une offre adaptée. L'historique de ses achats, ses moyens de communication préférés, ses modes de paiement préférés, ses préférences et intérêts en termes de services, sont autant d'informations strictement nécessaires au développement de relations à long terme. Les informations précédemment citées sont généralement dispersées dans les systèmes d'informations et les entreprises généralement les regroupent dans un entrepôt de données client (un CRM système, aussi appelé ; Base de Données clientèle) .

S'il est important d'avoir les informations nécessaires pour développer ses relations clients, il convient de ne pas alourdir les systèmes d'informations de l'entreprise inutilement. Toute information ne contribuant pas à l'objectif CRM doit être proscrite.

2 - Stratégie relationnelle

Les entreprises qui se concentrent sur la réussite de transactions commerciales à court terme ne manifestent qu'un intérêt limité pour le client. Leur réussite se mesure en termes de nombre de transactions réalisées et au chiffre d'affaires réalisé. La part de marché représente pour elles un indicateur de réussite essentiel.

Les entreprises qui développent une stratégie relationnelle s'intéressent au développement de la relation long terme avec leurs clients. Elles entrent en communication avec le client davantage qu'elles ne vendent.
Dans la masse des clients, l'entreprise privilégie sans complexe ceux qui sont les plus intéressants et les plus profitables. La transaction commerciale ne constitue pas l'aboutissement de la relation. Celle-ci, débutant avec l'achat, donnera lieu à un approfondissement basé sur la confiance et un engagement mutuel et croissant.

3 - Communication

La stratégie relationnelle mise en place par l'entreprise doit fortement se manifester dans la communication de celle-ci envers son client. Elle devra y démontrer sa capacité à mettre en place un dialogue individualisé au cours duquel un vrai contenu, substantiel et porteur de sens pour le client, sera délivré. Pour y arriver, elle devra passer par un réseau de canaux de communication intégrés permettant de communiquer partout et à tout moment. La capacité à gérer une communication à travers de multiples canaux est essentielle.
Par exemple, une banque utilise de nombreux canaux : agence, envoi postal, site internet, DAB/GAB, serveur vocal, SMS, MMS, etc...

Le multicanal devient de plus en plus prédominant dans la gestion des relations avec les clients. L'objectif est de développer l'interaction avec le client. En plus du média mobile, l'utilisation d'outils comme le web call back ou les agents conversationnels deviennent incontournables.
Depuis quelques années, la relation et le service client se font de plus en plus sur les réseaux sociaux. Le canal web et mobile est devenu le premier canal de relation client au travers d'outils de microblogging tels que Twitter ou sur le réseau social Facebook.

4 - Le sur-mesure ou proposition individualisée

Le développement d'une relation étroite et d'un dialogue véritable avec le client doit déboucher, pour l'entreprise, sur la création de propositions d'offres personnalisées, tant sur le plan de l'offre produit que du tarif.

Dans cette optique, l'entreprise pourra concevoir, parfois même en coopération avec le client, un service qui réponde parfaitement aux besoins de celui-ci. Cela pourra se faire, par exemple, à partir de «modules de service» pouvant être liés les uns aux autres pour former le service global conforme aux attentes du client. L'entreprise devra apporter une attention particulière à garder une totale maîtrise de ses coûts et à éviter le sacrifice de ses économies d'échelle.

De même, la mise en place d'offres individualisées peut entraîner pour l'entreprise un risque accru et une complexité excessive des processus de production. Il faudra arriver à concilier une production relativement standardisée avec la flexibilité que requiert toute individualisation du service.

► Intégration du CRM dans la stratégie d'entreprise

L'entreprise qui veut mettre en place une stratégie relationnelle doit penser sa mission, la gestion de son personnel, sa structure et ses systèmes d'exploitation en cohérence avec son orientation client.

Il s'agit ici de créer un environnement facilitant et encourageant la recherche de la satisfaction du client en étroite relation avec celui-ci. Le client doit inspirer toute personne dans l'entreprise afin qu'elle puisse améliorer sa performance globale. Il ne faut cependant pas oublier que, dans une perspective relationnelle, tout client n'est pas bon à prendre et que l'entreprise n'a pas toujours intérêt à le satisfaire et à le fidéliser. Il ne faut pas oublier non plus que l'enjeu d'une approche CRM est de construire des relations, qui permettent d'augmenter la valeur de la base clients, qui elle-même conditionne très largement la valeur de l'entreprise. Dans cette perspective, certains clients sont beaucoup plus importants que d'autres et il convient de se focaliser plus, voire exclusivement, sur eux.

1 - Fondements de l'entreprise relationnelle

Toute stratégie relationnelle se fonde sur la recherche et l'optimisation de l'engagement entre le client et le fournisseur au cours de leurs interactions sur le long terme. Dans cette perspective, l'engagement reflète l'intention, de la part des deux parties, de développer une relation dans le temps, sans tenir compte des changements d'environnement qui peuvent intervenir.

L'entreprise relationnelle ne vise pas le bénéfice immédiat généré par chaque transaction individuelle (achat/vente) mais vise l'optimisation de ce qu'on appelle la valeur à vie du client (Customer Life Value) , c'est-à-dire la valeur de ses achats effectués durant la période au cours de laquelle il est en relation avec l'entreprise.

2 - Caractéristiques essentielles de l'entreprise relationnelle

- Son objectif organisationnel prioritaire est de servir le client et de le satisfaire de façon spécifique.
- Sa stratégie est de développer une relation privilégiée avec ses clients sans trahir ou mettre en péril l'identité propre de l'entreprise, son image de marque et ses marchés prioritaires. Le centre d'intérêt est la relation avec le client, ce n'est ni le produit ni la transaction.
- Les relations avec les clients sont abordées avec un maximum d'empathie de la part des employés. Ceux-ci sont formés et motivés à se mettre à la place du client. Cette manière d'envisager la relation client, crée une confiance réciproque et contribue à lui donner de la substance. L'implication du client à l'égard de son fournisseur est de ce fait accrue.
- Les valeurs de l'entreprise sont de privilégier le relationnel et de prendre en compte le contexte particulier de chaque client en vue de mieux le servir.

3 - Culture de l'entreprise relationnel

La création d'une culture relationnelle au sein de l'entreprise est un des aspects essentiels de la réussite de ce type de stratégie. Rappelons que la culture est composée de convictions, de normes et de valeurs internes auxquelles le personnel d'une entreprise adhère. Cette culture va avoir un impact sur le comportement de celui-ci.

L'instauration d'une culture d'entreprise reste à chaque fois une opération sensible et complexe. On ne peut obliger les collaborateurs à accepter normes et valeurs fondamentales par règlement. Plusieurs cultures peuvent également coexister dans l'entreprise. Par exemple, la culture des cadres et celle du personnel d'exécution peut être assez différente.

Les moyens

- Savoir décrire les valeurs et les normes communes au sein de l'entreprise.
- Placer les personnes qui propagent la culture et qui servent d'exemple aux autres aux postes adéquats.
- Communiquer systématiquement en interne ces normes et ces valeurs et savoir les traduire en actions concrètes.
- Avoir recours à des éléments symboliques forts dans la dissémination de la philosophie relationnelle au sein de l'entreprise (code vestimentaire, code de conduite, etc...) .
- Relayer valeurs et normes dans la gestion des ressources humaines en termes de promotions, sanctions, formation, motivation, etc...
- Mesurer précisément la performance relationnelle des collaborateurs pour pouvoir apporter des améliorations par rapport aux résultats obtenus.

Il est important de rappeler ici que ce sont les hommes qui initient et développent les relations, pas les systèmes informatiques. Si de nombreux échecs ont été enregistrés dans la mise en place de système de CRM, c'est parce que ces entreprises avaient oublié ce précepte, mettant l'accent sur les systèmes informatiques plutôt que sur les aspects humains.

Compétences humaines & relationnelles

- Une bonne capacité d'empathie, la faculté de pouvoir se mettre à la place du client et d'être sensible à ses problèmes.
- Une attitude ouverte, transparente et sincère, particulièrement dans la gestion des moments critiques de la prestation de service.
- La reconnaissance honnête de ses limites et de ses capacités professionnelles (le fait de ne pas reconnaître ses torts dans une relation commerciale est de facto bien plus dommageable que de tenter de gérer les problèmes quand ils se posent) .
- La capacité de rester positif vis-à-vis de l'interlocuteur.

► Processus relationnel

Le CRM permet de traiter tout ce qui concerne l'identification des clients, la constitution d'une base de connaissance sur la clientèle, l'élaboration d'une relation client et l'amélioration de l'image de l'entreprise et de ses produits auprès du client. Ce qui amène l'entreprise à accorder une attention accrue au client et approfondir sa relation avec eux, dépassant ainsi l'objectif de simplement concrétiser une vente.

Dans cette optique, l'intérêt du client et de l'entreprise l'un envers l'autre doit se prolonger dans le temps et dépasser le moment de la transaction. D'un côté, l'entreprise veut être perçue comme une entité cohérente au-delà des produits et services qu'elle propose. À l'inverse, l'entreprise veut voir en son client une personne clairement identifiée plutôt qu'anonyme.

► Principe d'efficacité organisationnelle

Le CRM va pouvoir s'appuyer sur les apports des nouvelles technologies de l'information et de la communication (Cloud Computing) pour optimiser la rentabilité de l'organisation et la satisfaction du client, en se focalisant sur des segments de clientèle spécifiques, en favorisant les comportements propres à répondre aux souhaits du client et en appliquant des processus centrés sur le client. Le Customer Relationship Management est donc envisagé comme une stratégie d'entreprise où deux buts essentiels sont poursuivis : augmenter les bénéfices et accroître la satisfaction du client.

Dans cette optique, l'entreprise devra développer encore plus l'accès et le contenu de ses services. Une relation mutuellement bénéfique s'installe à long terme avec le client. L'entreprise connaît tellement bien ses clients qu'il devient difficile, pour ses concurrents, de rivaliser avec la qualité et le haut niveau de son offre.

► Processus technologique

Le CRM dans le cadre du développement des nouvelles technologies de l'information et de la communication devient l'automatisation de processus d'entreprise horizontalement intégré, au travers de différents canaux possibles avec le client (marketing, ventes, après-vente et assistance technique) , en ayant recours à des canaux de communication multiples et interconnectés.

Ces vecteurs de communications et d'information, sont une « task force » pour le personnel (Workforce) de l'entreprise quand celui-ci entre en relation avec les clients via le web, la téléphonie ou en « face to face ». Le personnel « front office » peut reconnaître le client lors de tout contact et ainsi lui donner des informations sur l'état de sa commande, la facturation, la livraison, le statut de la réparation effectuée par le service après-vente, etc...

► Avenir & tendance du CRM

La gestion de l'historique consommateur/client va vraisemblablement devenir une variable clé dans la détermination des promotions, des prix ou des produits pour les entreprises de grande consommation notamment. Les solutions du CRM vont évoluer dans le sens d'une fusion entre les systèmes opérationnels et le back-office pour fournir une expérience intégrée et un environnement évolutif en temps réel.

L'avantage du CRM est la visibilité de tout ce qui concerne les clients dans votre entreprise. Si vous souhaitez offrir un meilleur service à vos clients, vous devez être capable de tout gérer : des plaintes aux opportunités de ventes en passant par la gestion de contacts.
L'essor du « Big data » en brassant d'énormes quantités de données de plus en plus diverses permet d'avancer encore plus dans le repérage des corrélations et des signaux traduisant l'évolution des comportements des clients. L'utilisation des réseaux sociaux multiplie les mises en relation et échanges d'information des consommateurs ou des prospects avec d'autres clients utilisateurs : l'expérience des produits/services et des relations avec telle ou telle entreprise est largement diffusée et partagée.

Les faits et gestes des entreprises sont de plus en plus scrutés par des milliers d'observateurs désormais connectés. Cela augmente la puissance des clients et la qualité de leurs décisions d'achat.

La notion de Customer Relationship Management ne peut plus être ignorée ; reste à savoir comment incorporer concrètement les Social Media et les Web Community d'utilisateurs au travers des Community Manager.

« Ne vous plaignez jamais d'un client difficile car il est la cause de vos progrès. Traitez les autres mieux encore : ils sont les raisons de vos bénéfices »
Auguste Detoeuf (1883-1947),
industriel français, fondateur d'Alstom en 1928

4.6

Revenue Optimization

Système de gestion tarifaire des capacités disponibles ayant pour objectif l'optimisation du remplissage et du chiffre d'affaires.

La technique du Revenue Management ou Yield Management, née aux environs de 1958 aux États-Unis, cherchait alors à s'adapter aux passagers qui malgré une réservation (l'achat n'étant alors pas toujours obligatoire au même moment) ne se présentaient pas à l'embarquement de l'appareil. Il fallut donc statistiquement quantifier et prévoir le nombre de passagers défaillants (no show passengers) . Un moyen était de vendre davantage de billets que de places « physiques », tout en limitant les passagers refusés à l'embarquement pour cause de surréservation (overbooking ou denied boarding) , qu'il fallait indemniser et reporter sur un autre vol si l'on ne disposait pas de place en classe supérieure où les faire voyager sans supplément.

▶ Principe de Pareto

Vilfredo Pareto, un économiste et sociologue italien du XIXe siècle, étudie la répartition des richesses en Italie et remarque que 80% des richesses sont détenues par 20% de la population. Bien plus tard Joseph Juran, un des fondateurs de la démarche qualité, reprend les travaux de Pareto et constate que cette règle des 80/20 s'applique également à bien d'autres domaines, et utilise en 1954 l'expression « principe de Pareto » pour signifier qu'environ 80 % des effets sont le produit de 20 % des causes.
La loi de Pareto ou règle des 80/20 nous rappelle que la plupart des choses dans la vie ne sont pas distribuées de manière égale.

► Action & Stratégie

Historiquement, les deux axes du CA sont, la prospection et la fidélisation. Cela est encore valable de nos jours, mais les méthodes ont profondément changé. Car votre interlocuteur a modifié sa façon d'acheter en B2C (80 % des consommateurs se renseignent sur internet avant d'acheter selon IFOP) comme en B2B (où en moyenne 6,8 personnes interviennent dans le processus d'achat selon Gartner (conseil & recherche dans le domaine des techniques avancées) .

C'est au travers de la redéfinition de l'expérience client, par une approche managériale différente en replaçant les employés au centre de l'outil de production et en redonnant sens à leur action que nous pourrons agir sur le revenu et par là même l'optimiser au travers de notre action quotidienne de management.

« La raison d'être d'une entreprise est de créer et de garder un client »
Théodore Levitt, économiste et auteur - Harvard Business School, (1925-2006)

► Culture du Revenue Management

En termes de revenue management, il est conseillé premièrement de mettre en place une culture dans l'entreprise. Ce qui signifie principalement que le revenue management n'est pas un domaine d'activité réservé uniquement aux dirigeants, tout le monde devrait en avoir conscience et s'impliquer.
Faire comprendre l'importance du revenue management et en avoir conscience permet d'encourager tout le personnel à adopter des attitudes positives et à prendre conscience de l'importance de la satisfaction client qui en découle.
Partager le fruit du revenue management avec l'ensemble des collaborateurs impliquerait une appropriation du concept et apporterait une plus grande transparence ce qui est la clef du management équitable.

▶ L'expérience client

L'expérience client désigne l'ensemble des émotions et sentiments ressentis par un client avant, pendant et après l'achat d'un produit ou service. C'est le résultat de l'ensemble des interactions qu'un client peut avoir avec la marque ou l'entreprise.

La résultante complexe d'éléments et facteurs hétérogènes intervenant lors du parcours client (ton publicitaire, ambiance point de vente, relation vendeur, expérience d'usage, relation support client, etc...) . La nature et les composantes de l'expérience client peuvent fortement varier selon les domaines d'activité et sont liées à la notion de parcours client.
Maillon faible des entreprises, une expérience client de qualité est pourtant un avantage concurrentiel assuré. Les enjeux autour de l'expérience client sont en effet colossaux : selon PWC (Réseau international d'audit) , 86 % des consommateurs sont prêts à payer plus cher si l'expérience client est au RDV.

Aujourd'hui comme hier, fidéliser coûte toujours moins cher que prospecter. Hélas, tous les ans, les entreprises perdent en moyenne 10 % de leurs clients, soit 50 % tous les 5 ans, selon une étude de l'Harvard Business Review.
Dans plus de 68 % des cas (selon Sage, leader mondial des technologies au service de la gestion des entreprises.) , c'est parce qu'il n'y a aucune communication avec le client, alors que des outils d'automatisation performants et de CRM pour garder le contact existent aujourd'hui.

▶ La fidélisation

La fidélisation passe aussi par un critère plus abstrait et indirectement lié au revenue management : la qualité du service « un client satisfait raconte son séjour à trois personnes, un mécontent à dix » .

Fidéliser ses clients est un enjeu commercial stratégique pour l'entreprise, cela coûte moins cher de conserver un client en continuant à lui vendre des produits et services plutôt que d'en prospecter de nouveaux.

De plus, un client satisfait est une excellente source de bouche à oreille positive et donc de recommandation pour de futurs clients potentiels. Le bouche-à-oreille ou la recommandation (score NPS ou Net Promoter Score) est une arme redoutable.

Demandez à vos meilleurs clients (ceux qui vous notent 9 ou 10 sur une échelle de 1 à 10) qu'ils vous recommandent. Ce sont vos meilleurs commerciaux.

Le Net Promoter Score (NPS) qui a été popularisé par Fred Reichheld, auteur et consultant américain spécialisé dans la fidélité, dans le cadre de son livre «The ultimate question». Le principe du Net Promoter Score est relativement simple et c'est d'ailleurs cette simplicité qui explique probablement une grande part de son succès. «Quelle est la probabilité que vous recommandiez la marque X à un ami ou un collègue?»

«Les clients fidèles ne font pas que revenir vers vous, ils ne font pas que vous recommander, ils insistent pour que leurs amis fassent affaire avec vous.»
Chip R. Bell, auteur et consultant en fidélisation.

► La concurrence

Avec une concurrence qui s'accroît, les clients sont toujours plus exigeants et volatiles, ils attendent de vous de la reconnaissance, du conseil et de l'accompagnement. Ainsi, l'expérience client et la fidélisation qui en découle jouent un rôle majeur dans le développement de votre CA.

Les clients ont aujourd'hui le choix d'une offre quasiment «planétaire» à portée de clic. On comptait en effet 6 concurrents par entreprise en 2014 contre 22 compétiteurs en 2019 (source Hubspot Research-Marketing and sales software company) . «Votre vraie différence est l'expérience client.»

« Construire une marque couronnée de succès n'est pas seulement une histoire de R.O.I (return on investment), c'est aussi construire une relation authentique avec les clients. »
Ryan Holmes, fondateur de HootSuit

- Partie 5 -

VALEURS & ORIENTATIONS

5.1

Écoute & Communication

A l'ère où les salariés cherchent des managers-leaders, il devient indispensable pour tout bon manager de maîtriser l'art de l'éloquence. Afin de partager la vision et la stratégie de l'entreprise pour faire sens. Un défaut de communication ou une communication inappropriée peuvent s'avérer lourds de conséquences.

► Savoir écouter pour être entendu

Paradoxalement, un bon communicant est d'abord quelqu'un qui sait se taire et, in fine écouter, cependant encore faut-il savoir entendre. Peu de personnes sont en capacité de prêter réellement attention aux messages qui leur sont adressés. Il est donc primordial d'être dans une écoute dite «active» qui consiste à accorder au collaborateur 100 % de son attention afin de pouvoir ensuite synthétiser et reformuler ses propos. Cette écoute permet de montrer à l'interlocuteur, que ce qu'il dit est digne d'intérêt, mais aussi de s'assurer que la compréhension est optimale. Les interlocuteurs ont ainsi le sentiment d'avoir été véritablement entendus et n'hésiteront pas à se livrer davantage sur leurs attentes et préoccupations par la suite.
Écouter est donc un prérequis à tout bon communicant et tout bon manager car il permet de connaître ses collaborateurs et donc d'adapter son discours pour un impact parfait.

► Faire sens

Les attentes des employés ont changé notamment pour les nouvelles générations qui sont en quête permanente de sens. C'est pourquoi, communiquer devient essentiel car c'est le moyen par excellence d'exposer la vision de l'entreprise, de donner la ligne directrice et de redonner du sens à leurs missions et à leurs places au sein de l'entreprise. Les employés attendent des managers, la capacité de replacer leurs missions et contributions au cœur des enjeux stratégiques de l'entreprise car de facto, un salarié qui comprend le rôle qu'il a, la finalité de son travail, augmente son engagement et son envie de s'investir plus encore.

Communiquer démontre en quoi leurs contributions individuelles permettent de s'inscrire dans un tout : la réalisation des objectifs de l'entreprise. Ces nouvelles générations sont également sensibles à une communication plus spontanée et aux feedbacks réguliers, ce qui nous amène à réaliser qu'il ne sert à rien d'attendre les traditionnels points mensuels ou entretiens individuels annuels pour les féliciter ou les remercier.

► Faire preuve de transparence

Un manque d'intégrité dans la manière de communiquer, comme de ne pas assumer une décision en rejetant cette dernière sur quelqu'un d'autre s'avérerait désastreuse. Le manager, en indiquant que la décision finale lui a échappé réduit alors à néant toute crédibilité et légitimité. De la même façon, durant une période de crise ou de changements, il est primordial de communiquer clairement plutôt que de patienter au risque de voir naître des fake news ou pire encore de perdre l'engagement des collaborateurs.

► Soft Skills (compétences comportementales)

Un bon manager se doit d'être un bon communicant car lorsque l'on manage, communiquer ne se limite pas à donner des instructions, c'est être capable d'encourager, d'inspirer mais aussi et surtout d'écouter. La communication verbale ne représente qu'une part de la communication, il faut de ce fait, prendre garde également à la gestuelle, (depuis la COVID-19 et le télétravail / Vidéo conf cela à changé la donne car il est plus difficile de décrypter le body language en visio), au regard, à l'intonation à son attitude générale, afin d'être dans une posture de leader.

In fine, à l'heure où les formes de travail sont en mutation par le télétravail entre autres, il est indispensable de laisser aux employés tous les canaux de commutation possibles.

► L'écoute active

L'écoute active ou écoute bienveillante, est un concept développé à partir des travaux du psychologue américain Carl Ransom Rogers. Initialement conçue pour l'accompagnement de l'expression des émotions dans les situations de face-à-face où le manager écoute activement son interlocuteur.
Elle consiste à mettre en mots les émotions et sentiments exprimés de manière tacite ou implicite par son interlocuteur, à utiliser le questionnement et la reformulation afin de s'assurer que l'on a compris au mieux le message de son interlocuteur, dans le but d'appréhender la dimension affective, généralement non verbalisée.

Cette approche se caractérise par la manifestation d'un respect et d'une confiance sincères envers l'interlocuteur, pour qu'il brise ses défenses et s'exprime librement, le manager doit faire preuve d'authenticité et de compréhension, sans chercher à porter un jugement sur son interlocuteur.

Les cinq conditions

- **L'accueil :** Accepter son interlocuteur comme il est dans une attitude empreinte de respect et de considération, pour favoriser la confiance en manifestant un réel intérêt. Considérer son interlocuteur comme la personne la plus importante à l'instant présent.
- **Être centré sur ce que l'autre vit et non sur ce qu'il dit :** Aller au-delà des faits pour s'ouvrir à la façon dont son interlocuteur ressent les choses de façon viscérale.
- **S'intéresser à l'autre plus qu'au problème lui-même :** Plutôt que de voir le problème en soi, il s'agit de voir le problème du point de vue de son interlocuteur.
- **Montrer à l'autre qu'on le respecte :** C'est donner à son interlocuteur l'assurance que l'on respecte sa manière de vivre ou de voir les choses sans empiéter sur son domaine.
- **Être un véritable miroir :** Il ne s'agit pas d'interpréter les mots de son interlocuteur mais de se faire l'écho de ce qu'il ressent afin de percevoir les sentiments qui accompagnent son discours.

Les deux attitudes fondamentales

- **La libre expression :** C'est laisser à son interlocuteur la liberté de s'exprimer et de choisir par lui-même le cours de son expression.
- **L'empathie :** C'est la capacité de s'inscrire dans le monde subjectif de son interlocuteur pour le comprendre de l'intérieur et vouloir le vivre comme s'il était nôtre.

L'écoute active permet d'accorder au discours un maximum d'attention, pour qu'il puisse être partagé et compris.

« La vie est, au mieux, un processus fluide
et changeant en lequel rien n'est fixé. »
Carl Ransom Rogers

► Emotional Quotient - EQ (intelligence émotionnelle)

C'est par les travaux de Daniel Goleman, psychologue, chercheur et journaliste scientifique pour le New York Times que ce concept s'est popularisé, au travers de la parution de « Intelligence émotionnelle » en 1995.

« L'habileté à percevoir et à exprimer les émotions,
à les intégrer pour faciliter la pensée, à comprendre et
à raisonner avec les émotions, ainsi qu'à réguler les émotions
chez soi et chez les autres ».
John Mayer & Peter Salovey, (1997)

Les 4 grandes sphères de l'intelligence émotionnelle

- La conscience de soi est la capacité à comprendre ses émotions, à reconnaître leur influence et à les utiliser pour guider nos décisions.
- La gestion de soi consiste à maîtriser ses émotions, impulsions et à s'adapter à l'évolution de la situation.
- L'intelligence interpersonnelle englobe la capacité à détecter et à comprendre les émotions d'autrui et à y réagir.
- La gestion des relations correspond à la capacité à inspirer et à influencer les autres tout en favorisant leur développement et à gérer les conflits.

Innés ou acquis

Les compétences émotionnelles ne sont pas des talents innés, mais plutôt des capacités apprises qu'il faut développer et perfectionner. Ces compétences sont organisées en « groupes de synergie » qui se complètent et se renforcent réciproquement.

L'intelligence émotionnelle, permet aux jeunes d'être moins « rustres », moins agressifs, plus populaires et leur permet de prendre de meilleures décisions en ce qui concerne « les drogues, le tabac et le sexe » et de facto favorise la réussite professionnelle et privée.

D'une façon plus générale, elle donne un avantage dans tous les domaines de la vie, aussi bien dans les relations affectives et intimes que dans l'appréhension des règles implicites qui régissent la réussite dans les politiques organisationnelles.

Intelligence Émotionnelle

La notion d'intelligence émotionnelle est très liée au domaine de la gestion plus particulièrement au management, au leadership, à la gestion des ressources humaines, à l'entreprenariat et à la négociation.

Une étude exploratoire a recueilli par le biais du Web des données d'autoévaluation portant sur les compétences émotionnelles des jeunes entrepreneurs à succès. Ceux-ci ont affirmé posséder un haut niveau de confiance en soi, de loyauté, de sens du service et de l'accomplissement, d'ouverture au changement, de travail d'équipe et de collaboration. La même étude a également mis l'accent sur l'importance de pouvoir travailler en équipe et de collaborer sur de nouveaux projets.

« il existe un vieux mot pour représenter l'ensemble des compétences liées à l'intelligence émotionnelle : le caractère ».
Daniel Goleman.

5.2

Le Management Interculturel

Le management interculturel se définit comme une approche des relations interpersonnelles prenant en compte la diversité des cultures dans le monde de l'entreprise.

La mondialisation au cours des cinq dernières décennies a démontré que les différences culturelles devenaient vitales pour les dirigeants, les gestionnaires et les cadres des entreprises internationales et multinationales du monde. Les complexités de la fusion des cultures d'entreprise, des questions de leadership, de planification, de prise de décision, de recrutement et de répartition des tâches sont toutes compromises par les caractéristiques de la nation des personnes impliquées.

La problématique de l'interculturalité mérite d'être étudiée et prise en compte avec soin afin de pouvoir concrétiser les objectifs de l'entreprise et de gagner en performance grâce à la multiculturalité.

► Modèle Hofstede

Geert Hofstede, spécialisé en psychologie sociale et professeur émérite d'anthropologie et de gestion à l'université de Maastricht, a été inspiré par la définition de la culture, donnée par l'anthropologue américain Clyde Kluckhohn, 1905-1960.

> *« La culture est la manière de penser, de sentir et de réagir d'un groupe humain, surtout acquise et transmise par des symboles, et qui représente son identité spécifique : elle inclut les objets concrets produits par le groupe. Le cœur de la culture est constitué d'idées traditionnelles et des valeurs qui lui sont attachées. »*

La recherche conduite par Geert H. Hofstede a débuté par l'administration de plus de 100 000 questionnaires auprès de cadres de filiales de la multinationale IBM implantés dans plus de 50 pays. Hofstede et ses collaborateurs ont mis en évidence, statistiquement (par analyse factorielle) quatre, puis six facteurs indépendants à l'origine de différences culturelles observées d'abord dans les comportements des employés des grandes entreprises (plus tard, ces différences culturelles ont été observées dans d'autres domaines) .

► Différences culturelles

Les six facteurs indépendants à l'origine de différences Culturelles observées :

- Distance hiérarchique.
- Contrôle de l'incertitude.
- L'individualisme et le collectivisme.
- La dimension du genre.
- L'orientation court terme/long terme.
- L'indulgence.

<u>1 - Distance hiérarchique</u>

Mesurée par le Power Distance Index (La distance de pouvoir fait référence à la relation entre les individus de rang supérieur et de rang inférieur qui dépend de la façon dont ces derniers réagissent aux premiers) allant d'une échelle de 1 à 100, indique le degré d'acceptation culturelle des inégalités de statuts et de pouvoir entre les individus.
Cette dimension révèle le degré de respect dont font preuve les gens vis-à-vis de leur hiérarchie et de l'autorité.
Les scores sont plus élevés au sein des cultures où le pouvoir central est « un pouvoir vénéré, mais où se développent des contre-pouvoirs, officiels ou occultes, s'opposant à une centralisation trop pesante ».

« Quel degré d'inégalité est autorisé entre les membres d'une société ? ».

2 - Le contrôle de l'incertitude

Cela désigne le degré de tolérance d'une culture confrontée à l'inquiétude provoquée par les événements futurs. Il estime que la relation à l'incertitude est différente selon les sociétés, certaines utilisant des prévisions et des dispositifs pour gérer les événements (comme Vigipirate ou le principe de précaution en France), d'autres sociétés se font moins de soucis face à l'incertitude.

« Dans quelle mesure les situations inconnues sont-elles acceptées ? ».

3 - L'individualisme & le collectivisme

Cette catégorie exprime le degré de liberté d'un individu par rapport à un groupe, le degré d'autonomie par rapport au groupe et aux normes sociales, la plus ou moins grande solidarité du groupe et le degré d'attachement aux valeurs communautaires comme l'amitié ou la famille.

« Est-ce que je me définis principalement comme un individu ou plutôt comme membre d'un groupe ? ». (cf. House et al, 2004)

4 - La dimension du genre

Il s'agit de savoir si une société est, d'une part, plutôt plus sensible à des facteurs émotionnels (féminin) ou factuels (masculin) et, d'autre part, organisée avec une séparation marquée ou non des rôles des deux sexes dans les tâches de la vie quotidienne.

« Est-il question de performance et de réussite ou bien de qualité de vie et de modestie ? ». Felix Brodbeck (2016).

5 - L'orientation court terme/long terme.

Le long terme est associé aux valeurs de la vertu. Les valeurs associées au court terme sont le respect des traditions, satisfaire des obligations sociales. Les valeurs associées à une vision à long terme (dite « vérité ») sont économie et persévérance.

« Quel horizon temporel détermine nos actions ? ».

6 - L'indulgence versus sévérité - Light or Dark ?

Il s'agit de savoir si le bonheur, le plaisir et la joie de vivre sont le droit de tous à tout moment, s'ils peuvent faire partie de tous les domaines de la vie et être vécus ouvertement. Ceux qui préfèrent clairement cette thèse se situent du côté indulgence de la dimension culturelle. Dans le pôle opposé « sévérité », le bonheur, le plaisir et la joie de vivre sont plutôt considérés comme la récompense durement gagnée par la modération, la retenue, l'accomplissement du devoir et la mise de côté des propres besoins, parce que la vie n'est pas vraiment « drôle ». Il ne s'agit pas de bannir complètement toute joie de vivre, mais de la reporter dans le temps.

« Quand et avec quelle fréquence pouvons-nous sourire ? ».

▶ Enjeu Stratégique

Dans un environnement toujours plus global, l'entreprise se doit d'avoir une vision interculturelle du management, des relations de travail et plus généralement des relations interpersonnelles.

Pour faire de la diversité une richesse, encore faut-il savoir être ouvert à l'autre, à sa culture et être conscient des biais culturels propres à chaque culture.
Dans l'entreprise où l'efficacité et la performance priment, il n'est pas toujours aisé de déjouer les possibles dysfonctionnements et problèmes de communication, ou encore les problèmes d'efficacité et de performance liés à une situation interculturelle.
La prise en compte du facteur interculturel est donc bien un enjeu stratégique pour s'assurer du bon fonctionnement d'une équipe, d'une relation commerciale, et plus largement, d'une entreprise.

Prendre conscience de l'importance de sa propre culture dans le management et le comportement de chacun, apprendre à relever les défis quotidiens de l'interculturalité dans le travail et savoir gérer avec efficacité les situations de collaboration et de communication interculturelles et indissociables du management d'aujourd'hui.

▶ Modèle Lewis

Il est le dernier à avoir été reconnu dans le monde entier. Il a été développé dans les années 1990 et a été présenté dans le livre à succès de Richard Lewis, When Cultures Collide (1996), qui a remporté le prix américain du livre en 1997. Richard Lewis est venu à la conclusion que les humains peuvent être divisés en 3 catégories claires, basées non sur la nationalité ou la religion, mais sur le comportement. Il a nommé ses typologies Linear-active, Multi-active et Réactive.

Groupe Linéaire-actif

Facilement identifié, il comprend : le monde anglophone – l'Amérique du Nord, la Grande-Bretagne, l'Australie et la Nouvelle-Zélande, et l'Europe du Nord, y compris les pays scandinaves et germaniques.

Groupe Multi-actif

Plus dispersés : Europe du Sud, pays méditerranéens, Amérique du Sud, Afrique subsaharienne, cultures arabes et autres au Moyen-Orient, Inde et Pakistan et la plupart des Slaves.

Groupe Réactif

Situé dans tous les principaux pays d'Asie, à l'exception du sous-continent indien, qui est hybride.

Bien que ces cultures soient extrêmement diverses, géographiquement et dans leurs religions, croyances et valeurs, elles peuvent être classées en tant que groupe, comme comportemental. Ces groupes suivent le même modèle avec les traits et les points communs suivants : émotion, loquacité, rhétorique, drame, éloquence, persuasion, langage corporel expressif, importance de la religion ou de la croyance, primauté des liens familiaux, sociétés à faible confiance, manque de ponctualité, éthique du travail variable, volatilité , planification inadéquate, capacité de compassion, collectivisme, orientation relationnelle, vérité situationnelle, aversion pour l'administration, tactilité, sociabilité, népotisme, excitabilité, versatilité, sens de l'histoire, malaise avec la discipline stricte.

► Le fait Religieux - Importance & Enjeux

Les managers doivent prendre conscience de l'importance et des enjeux du fait religieux. En effet, on observe que son déni, tout comme son acceptation sans dialogue, engendrent des dérives et une souffrance salariale résultant de problèmes non exprimés ou gérés par défaut.

Une demande d'affirmation religieuse de plus en plus forte interpelle maintenant le monde du travail. À partir des années 1960, le recrutement massif de salariés immigrés originaires de pays non catholiques est venu bouleverser les traditions existantes. Les entreprises vivent de plein fouet la mondialisation avec des salariés qui ont un fort besoin de reconnaissance et la religion fait partie de cette reconnaissance.

> *« Les entreprises ne sont pas soumises au devoir de neutralité imposé dans le domaine public. Ce décalage peut poser des dilemmes managériaux dans l'entreprise parfois confrontée à des demandes pouvant interpeller le fondamental bien vivre ensemble du monde du travail. ».*
> *Isabelle Barth, directrice de l'Ecole de Management de Strasbourg.*

1- Le fait religieux & le management

La posture du manager est d'envisager le fait religieux avec bienveillance, « sans tout accepter de tous », mais dans l'égalité des traitements via des règles opposables aux athées comme aux religieux, pratiquants ou non. « Il faut entrer en dialogue managérial mais surtout pas dans l'exégèse religieuse qui n'appartient pas à l'entreprise », c'est pourquoi beaucoup d'entreprises (La Poste, IBM, etc...) adoptent des chartes, des guides visant la bonne attitude.

2 - Rapport au travail

En France, la place de la religion dans le monde professionnel est généralement perçue comme une question problématique. Dans un pays marqué par le principe de laïcité, il est peu habituel d'afficher sa spiritualité et sa religiosité au travail. Les débats sont en conséquence passionnés et donnent lieu à des prises de position politiques fortes. Surtout que, depuis le début des années 2010, la succession des affaires et des décisions de justice contribue à donner une impression de complexité et de conflictualité lorsqu'on touche au sujet.

La part des managers qui rencontre le fait religieux au travail s'est fortement accrue entre 2013 et 2016. Elle est passée sur cette période de 40 % à 64 %, avant de se stabiliser entre 2016 et 2018. Il ressort de notre dernière enquête OFRE (Observatoire du Fait Religieux en Entreprise) que 29,5 % des managers rencontrent aujourd'hui des faits religieux régulièrement (chaque jour, semaine ou mois), 35,5 % occasionnellement (chaque trimestre) et 35 % rarement ou jamais (une fois par an ou moins). Les deux tiers des managers se déclarent donc concernés, en 2019, 70 % des managers interrogés étaient confrontés à ce phénomène, et dans 51 % des cas, elle nécessitait une régulation managériale.

3 - Interaction en entreprise

L'employeur ne peut pas interdire au salarié d'avoir une conviction religieuse. Toute sanction ou discrimination en raison de la religion du salarié est illégale. Le droit de manifester sa religion ne peut pas être interdit de façon générale et absolue (Direction de l'information légale et administrative) .

- Plus de 90 % des situations où se manifeste le fait religieux dans le relation de travail, ne génèrent ni conflit ni blocage dans l'entreprise. La part des cas conflictuels est de seulement 9,5 %, en légère hausse par rapport à 2017 (7,7 %) .
- Seuls 5 % des salariés observent régulièrement des conflits et des blocages liés à la religion. Ce sont les conditions de travail qui en génèrent le plus (35 %) . Ce taux est de 16 % sur des sujets tels que la politique ou les positions philosophiques par exemple.
- Si les managers interviennent plus souvent pour des questions relatives à la religion (51 %), l'écart est peu marqué lorsqu'on le compare avec d'autres sujets (47 %) . En revanche, 29 % des managers considèrent que le fait religieux rend leur rôle plus délicat.

Dans la plupart des entreprises, le fait religieux est accepté, ne suscite pas de passion et crée peu de perturbations et de complications. Il est géré par les managers comme d'autres faits sans complexité ni difficulté particulière. Cependant dans une part très minoritaire d'entreprise il peut, à l'inverse, se révéler fortement perturbateur et conflictuel (Institut Randstad - Observatoire du fait religieux en entreprise, étude 2018) .

► Mouvements Actuels & Impact

Les deux grands mouvements de protestation, «Black Lives Matter & MeToo» , viennent d'ébranler notre société et de remettre en cause la place des femmes et des Noirs dans nos sociétés, tant dans le domaine privé que professionnel.

La sociologue franco-israélienne, Eva Illouz, figure majeure de la pensée mondiale, directrice d'études à l'EHESS et professeur à l'Université hébraïque de Jérusalem, publie une tribune sur ce sujet dans Bibliobs, en juin 2020.

«Ces deux mouvements constituent une révolte contre des schémas d'exclusion sociale aussi invisibles que bien établis. Les deux mettent en lumière des processus de domination ancrés non seulement dans la répartition objective de la richesse et du pouvoir, mais dans le langage et les représentations.
Mais le point commun le plus décisif entre ces deux groupes en révolte réside sans doute dans le fait qu'ils font l'objet, de façon régulière voire routinière, d'agressions et de violences physiques, les femmes et les Noirs subissent une violence et une exclusion systémiques.».

Pour le Monde de l'Entreprise, il y aura eu un avant et un après, ce que l'on aura appelé, «vague», «mouvement», «voire révolution». Plus rien ne sera comme avant; la parité, l'égalité hommes-femmes, le respect des minorités sont les attentes et les revendications des nouvelles générations dont les Millennials font partie.

«L'ultime paradoxe est de gérer la différence et la reconnaissance de chacun dans l'indifférence la plus totale: on glisse du management de la diversité vers un management inclusif.».
Isabelle Barth

CONCLUSION

Trouver un sens à son existence est ce que beaucoup d'entre nous tentent d'atteindre au cours de son parcours de vie.
Quel que soit le chemin emprunté, peu importe nos origines ; par volonté, persévérance et force de conviction, nous pouvons tous espérer y parvenir.

Le TimeShare a fait de moi un manager soucieux de ses équipes faisant le choix d'appliquer un management équitable garant de l'épanouissement du personnel, de l'évolution du chiffre d'affaires de manière pérenne et conscient de la place centrale occupée par le client, partie intégrante de mon ADN.
Le Monde de l'Hospitalité m'a amené à prendre conscience de l'importance cruciale du client et de la place pivot qu'il occupe au sein de l'entreprise. Par la même, j'ai pris conscience de la nécessité d'être à l'écoute constante de la clientèle, jusqu'à en devancer ses attentes, pour entrer en symbiose avec elle dans le but unique, de la recherche de l'excellence.

Mon parcours jalonné de diverses expériences dans l'Hexagone et à l'internationale au management général de structures commerciales, m'a permis de concevoir une approche du Customer Relationship Management plus en adéquation avec notre époque en créant le **Customer Meaningful Quality Management** (CMQM) ou Sens de la Gestion de la Relation Client (SGRC) .

La situation présente que nous traversons avec la pandémie de la Covid-19 et qui bouleverse notre société, remet en question notre modèle économique ; le changement est en marche, le champ des possibles vient de se modifier, le monde de demain appartient déjà aux plus aguerris d'entre nous.

« Hospitality is not only a career path but a way of life ! »

Bibliographie

I. Workforce & Impacts

Étude « Santé et bien-être des salariés » publiée par Malakoff Médéric, le 4 octobre 2017.

La bienveillance au travail, Philippe Rodet, éd. Eyrolles, 2019.

Generations : The History of America's Future, 1584 to 2069, Neil Howe, William Strauss, William Morrow & Company, 1992.

Maslow et le XXIème siècle, Karin Boras, éd. E Quick Roads, 2017.

II. Line Management & Implications

Le management bienveillant, Docteur Philippe Rodet & Yves Desjacques, Eyrolles, 2017.

Génération Z, Des Z consommateurs aux Z collaborateurs, Elodie Gentina, Marie-Ève Delécluse, Coll. Management/Leadership, Éditions Dunod, janvier 2018.

III. Impact & Result on Customers

Cahier de Recherche - Les attentes des consommateurs en matière de responsabilité sociale des entreprises, Isabelle Van De Walle & Lucie Brice, CREDOC, N° 289-2011.

ACQUIER Aurélien, AGGERI Franck, 2007, « Une généalogie de la pensée managériale sur la RSE », Revue française de gestion, n° 180, pp. 131-157.

CADET Isabelle, 2010, « La norme ISO 26000 relative à la responsabilité sociétale : une nouvelle source d'usages internationaux », Revue internationale de droit économique, T. XXIV, pp. 401-439.

CAPRON Michel, QUAIREL-LANOIZELEE Françoise, TURCOTTE Marie-France (sous la direction de), 2010, « ISO 26 000 : une Norme ' hors norme ' », Paris, Economica.

COMMISSION EUROPÉENNE, 2011, « Responsabilité sociale des entreprises : une nouvelle stratégie de l'UE pour la période 2011-2014 », Communication de la Commission au Parlement Européen, au Conseil, au Comité Economique Social Européen et au Comité des Régions, Bruxelles. COM, 2011, 681 final.

LANZA Oscar, 2009, « S'appuyer sur le pouvoir des consommateurs pour rendre les entreprises intègres », in Transparency International, Rapport Mondial Sur la Corruption.

TRENTMANN Frank, 2008, « Le consommateur en tant que citoyen : synergies et tensions entre bien-être et engagement civique », L'Économie politique, n° 39, pp. 7-20.

IV. Code of Ethic

Le Management Éthique, Ghislain Deslandes, Éditions Dunod, coll. Management Sup, 2008.

Travail : un mal français ? Entre désir, plaisir, souffrance et suicides : « Le pire est-il à venir ? » Marc-Alphonse Forget, éd. Amalthee, 2012.

La Révolution du partage, Alexandre Mars, éd Flammarion, Documents, 2018.

Entreprise et responsabilité sociale en questions, Savoirs et controverses, Collectif : Chanteau Jean-Pierre, Martin-Chenut Kathia, Capron Michel, éd. Classiques Garnier, 2017.

V. Qu'est-ce qu'un client ?

Gestion de la Relation Client G.R.C. Customer Relationship Management C.R.M. S. Dehont, N. Heele, M. Huart, A. Kabache,Faculté Libre des Sciences Economiques et de Gestion M1 ME, 2008/2009.

La dynamique du client, Richard Whiteley et Gérard Mulliez, Maxima 1re éd, Paris, 1994 Open for business, Jaap Bloem & Menno van Doom (trad. Audrey Vuillermier), éd. VINT, 2007.

Le code de la vente stratégique, Jean-Pierre Delouche - Tome 3 - 2010, Etude, Itev Services, Le

Code de la Communication.
3 types de besoins à satisfaire pour vendre et fidéliser - Guide du néophyte pour la prospection de clientèle, Thierry Royer.wordpress.com, 2016.
Dynamisez votre posture commerciale. Et gagnez en influence, Jacques Phoeun, Martine Trabelsi, 2017, Commercial/Relation client, éd Dunod.

VI. Qu'est-ce que le travail ?

Le travail, essence de l'homme ? Qu'est-ce que le travail ? Eugène Enriquez, Erès, Nouvelle revue de psychologie, 2013/1 n° 15, pages 253 à 272.
L'acte et l'effort. Une idéologie du travail en Grèce ancienne (VIIIe-Ve siècle av. J.-C.), Raymond Descat, Erreurs Perimes, ed. du CNRS, Collection de l'Institut des Sciences et Techniques de l'Antiquité, 1986.
Travail. Les Raisons de la colère, Vincent de Gaulejac, Paris, Le Seuil, 2011.

VII. Fair Management

Le Management équitable - un nouveau mode de direction des entreprises, Jean Stuckert, julie Le Heran, 2004, Ems Management et Sociétés.
L'art de déléguer - Manager dans la confiance, Jean-Ange Lallican, 2015, Stratégies et management, Dunod.
Manager dans la complexité, Réflexions à l'usage des dirigeants, Dominique Genelot, 2011, Insep Consulting.
Diriger et motiver, Art et pratique du management, Nicole Aubert, 2005, Manuels E.O. - FP, Eds D'Organisation.
http://www.aframe.fr/
Votre cerveau au bureau, Le mode d'emploi d'une journée de travail efficace - Le mode d'emploi d'une journée de travail intelligemment vécue, David Rock, 2018, bien être au travail, Intereditions.

VIII. Total Quality Management

Joyce Nilsson Orsini, The Essential Deming. Leadership Principles from the Father of Quality, McGraw-Hill, 2013.
Out of the Crisis. W. Edwards Deming, Deming offers a theory of management based on his famous 14 Points for Management, MIT-CAES, 1982.
Levier de la compétitivité, La qualité du management, Hubert Bazin, Afnor, 2018.

IX. Customer Relationship Management

Pierre Volle, Stratégie clients. Points de vue d'experts sur le management de la relation client, Pearson, 2012.
Gestion de la relation client, Expérience client, Performance relationnelle et Hub relationnel, 5e édition, 2018, Pearson France, Eco Gestion.

X. Revenue Optimization

Revenue Management - Anticiper l'offre et la demande, optimiser les prix, Patrick Legohérel, Elisabeth Poutier, 2e édition Marketing/communication, Dunod, 2017.
Marketing du tourisme - Construire une stratégie efficace, Isabelle Frochot, Patrick Legohérel, 4e éditions Marketing/communication, Dunod, 2018.

XI. Écoute & Communication

La communication managériale - Méthodes et bonnes pratiques, Maurice Imbert, Stratégies et management, Dunod, 2015.

Le développement de la personne, Carl Ransom Rogers, éd Interéditions, Cadre De Sante, 2018.

L'intelligence émotionnelle au travail, Paris, Daniel Goleman, Village mondial, 2005.

Cultures et organisations, Nos programmations mentales, 2010, Geert Hofstede, Gert Jan Hofstede, Michael Minkov, Pearson France, 3e éd.

XII. Management Interculturel

Erin Meyer, 2016, La carte des différences culturelles. 8 Clés pour travailler à l'international : Diateino.

Manager La diversité, De la lutte contre les discriminations au management, Isabelle Barth, 2018, Stratégie d'entreprise, Dunod.

Culture et mondialisation, Gérer par-delà les frontières, Philippe d'Iribarne, Points, Essais numéro 482, 2002.

Le Management Interculturelles, Sylvie Chevrier, Que Sais-Je, Collection Que Sais-je ? numéro 2535, 2019.

Management des équipes interculturelles, Sylvie Chevrier, Sciences sociales Et Sociétés, 2000.

When Culture Collide, Richard D. Lewis, Leading Across Cultures, 4th 2dition, 2018.

Management et religions, Décryptage d'un lien indéfectible, Isabelle Barth, Ems Management Et Societes, 2012.

« Black Lives Matter et MeToo, ou la politique des corps vulnérables », Eva Illouz, Bibliobs, 18 juin 2020.

Manager une équipe multiculturelle - Faire de la diversité une clé de la performance, Joseph Aoun, 2004, Formation permanente, ESF.

www.ingramcontent.com/pod-product-compliance
Ingram Content Group UK Ltd.
Pitfield, Milton Keynes, MK11 3LW, UK
UKHW032048260826
14628UKWH00008B/3245

9 782957 904518